코드, 인생의 비밀을 밝히다

코드

인생의 비밀을 밝히다

Code reveals the secret of life

김우상 지음

명현서가

차례

서문   15

I

배움 : 성공한 사람들은 늘 배우고 있다

1. 부와 성공으로 가는 길	21
2. 목표 설정의 중요성에 대하여	24
3. 목표 달성을 위한 시스템	28
4. 내가 할 수 있는 일에 한계를 두지 마라	31
5. 성장하는 삶	33
6. 사람의 아름다움은 젊음이 아니라 인품이다	34
7. 삶의 한복판에서	36
8. 위기는 누구에게나 어느 나라에나 다 있다	38
9. 성공은?	40
10. 인생살이	42
11. 성공한 이후의 삶	45
12. 공부하는 삶	47
13. 성장하는 인생살이	49
14. 우리는 어떻게 성장하는가?	51
15. 성장한다는 것은?	52

16. 삶은 성장이다	54
17. 삶은 배움이다	55
18. 우리 삶의 궁극의 목적은 영혼의 정화이다	57
19. 삶은 일이다	58
20. 삶은 내가 만들어 가는 것이다	59
21. 영혼의 해방은 영혼의 성장이다	61
22. 무한 긍정의 삶	63
23. 공부란 나의 삶을 살아가기 위한 것이어야 한다	64
24. 매 순간이 배움의 과정이다	66
25. 새로운 영역을 배운다는 것은 최고의 투자이다	68
26. 성공으로 가는 삶	70

인연 : 너와 하나 되는 삶

1. 상호 존중과 상생의 삶	75
2. 인생은 끊임없는 정화의 과정이다	76
3. 생각의 힘	77
4. 인연맞이 공부	79
5. 듣기	80
6. 삶의 무게	81

7. 인생무상이 아니라 인생 자체를 흡수하고
   깨어 있는 지성으로 맞이하자   82
8. 성장하는 길   84
9. 문화의 시대   86
10. 선순환의 원리   88
11. 인간관계 제1원칙   89
12. 오늘 우리 앞에 다가오는 미션을 어떻게 해결하고
    처리하느냐에 따라 인생은 다이나믹하게 변한다   91
13. 바르게 살아야 한다   92
14. 나를 성장시키는 갖춤이란?   94
15. 이념이 있어야 인연이 온다   95
16. 실존적 만남 - Living of against   96
17. 접촉의 경계면에 대하여   98
18. 공감의 힘   100
19. 즐겁고 기쁘고 행복한 삶   102
20. 인연의 소중함   103
21. 사람이 재산이다   105
22. 사람을 키우고 성장시키는 연구를 해야 한다   106
23. 소통하고 나누어라   108
24. 감성의 시대, 진정한 성공이란?   110
25. 나를 알고 너를 알고 세상을 알아야 여유롭다   111
26. 우리는 하나 되어 살아갈 때 모든 문제를
    풀어 가는 지혜가 나온다   112

사업 : 부를 부르는 법칙

1. 부자들의 특징   117
2. 부는 어떻게 만들어지는가?   120
3. 몰입   122
4. 돈의 속성에 대하여   124
5. 인생의 파도   126
6. 부자되는 법   127
7. 장사꾼과 사업가   130
8. 사업의 성장은 교육의 시스템을 갖추어야 한다   131
9. 위기 속에 기회와 희망이 있다   133
10. 성장의 동력   135
11. 성공의 비밀은 자연을 긍정하고 자신을 믿고 가능성에 도전하는 것이다   136
12. 성공의 비밀   137
13. 끌어당김의 법칙   139
14. 자연은 우리가 성장하기에 가장 적합한 환경을 준다   140
15. 경제적 어려움은 모든 것이 어려운 것이다   141
16. 일을 좋아하고 즐기는 삶은 생동감이 넘치게 된다   142
17. 사람을 대하는 것이 실력이다   143
18. 바른 노력이 답이다   145

19. 돈 버는 원리	146
20. 성공의 기준	147
21. 성공의 조건	149
22. 장사와 사업	151
23. 새로운 디테일에 눈 뜨는 것은 열정이다	153
24. 경쟁하지 말고 내 할 일을 해라	155
25. 원대한 꿈을 가져라	157
26. 모르는 것은 진솔하게 물으라	159
27. 위기를 기회로	160
28. 어렵고 아플 때 비약적으로 성장해야 할 시간이다	162
29. 21세기는 고객 중심, 사람을 위한 기술과 사업만이 살아남는다	164
30. 정성과 노력은 모든 것을 이긴다	165
31. 새로운 시대의 성공 비법은	166
32. 운명을 바꾸는 지름길	168
33. 사업의 성공은 선순환의 원리를 알아야 한다	169
34. 지금은 성공 시대를 열어야 한다	170

대자연 : 큰 흐름과 함께하라

1. 기도한다고, 원하기만 한다고 이루어지지 않는다	175
2. 현실의 바탕 위에 오늘의 삶을 살아야 한다	177
3. 빛나는 삶이란?	179
4. 거침없이 나의 삶을 살아라!	180
5. 흥하고 망하는 것은 자신의 갖춤에 달려 있다	182
6. 우리는 무엇이든 할 수 있는 신적 존재다	184
7. 지금 여기에서 살아라	185
8. 영혼의 성장이 나의 질량을 키우는 것이다	186
9. 현실은 늘 옳다	188
10. 나에게 오는 모든 상황은 다 쓸어 마셔라	189
11. 자유로운 영혼, 빛나는 삶	190
12. 삶과 철학에 대하여	192
13. 우리 인생에서 가장 중요한 것은?	193
14. 우리 삶은 도전과 응전의 연속이다	194
15. 운용의 시대	196
16. 융합의 시대	200
17. 자유로운 삶	202
18. 세상의 이치를 모르고 성공의 길을 갈 수 없다	204
19. 빛나는 삶은 철학하는 삶이다	206

20. 대자연의 법칙은 공도에 있다　　　207
21. 현실은 항상 옳다　　　209
22. 성불의 원리　　　210
23. 자연이 주는 벌　　　212

일상 : 간과하기 쉽지만 제일 소중한 것

1. Nature in space   215
2. 오늘의 현실을 알고 수용해야 더 나은 내일이 온다   217
3. 화합의 시대   219
4. 나의 노력이 대자연의 의도에 맞도록 삶의 철학과 가치관을 개발해 가야 한다   221
5. 양적 성장에서 질적 변화의 시대   222
6. 다이어트 시대다   224
7. 현재에 충실하기   226
8. 완전한 건강과 빛나는 삶   227
9. 철학이 답이다   229
10. 지금부터 다시 시작이다   231
11. 사이드 잡   232
12. 인생은 성숙의 과정이다   233
13. 하루를 일 년처럼 소중하게 보내라   234
14. 아름다운 삶 (1)   235
15. 아름다운 삶 (2)   237
16. 어떻게 살 것인가?   239
17. 가슴 뛰는 삶   240
18. 변화와 성장   242

19. 인생	243
20. 나는 누구인가?	245
21. 힐링의 삶	247
22. 인생의 목적은 무엇인가?	249

글을 마무리하며   251

서문

　부와 행복으로 가는 길은 누구나 성취할 수 있다. 우린 이미 원하는 모든 것을 가질 수 있는 능력을 가지고 있다. 우리는 부유하고 건강하고 행복하게 살 권리와 이러한 것들을 취득할 재능과 능력을 다 가지고 터어났다. 그럼에도 쉽고 편하게 행동하려는 게으름 때문에 우린 그 길을 가지 못하고 패배자로 살기 쉽다.

　내가 원하는 것에 집중하고 자신감을 가지고 도전한다면 헛되이 시간을 낭비하지 않을 수 있다. 다른 사람들에게 친절하게 대하고 리더십을 가진 채 행동한다면 열정적이고 활기찬 삶을 살 수 있다. 그뿐만 아니라 행복한 가정을 꾸릴 수 있고 나 자신의 사업체를 가지고 목표한 수익을 얻을 수 있다. 원하는 최고급 자동차와 최고급 주택, 세계 여행, 충분한 금융 자산, 탁월한 건강과 힐링을 주는 작품과 음향 기기 등, 원하는 모든 것을 성취하고 누리는 삶을 살 수 있다. 그러기 위해서는 나를 알고 세상의 이치를 알아야 한다.

　나의 부족함을 채워 가는 삶을 살아야 한다. 내게 주어진 환경이 내가 성장하기에 가장 적합한 환경임을 믿고 감사하게 받아들이고 자연이 맺어 주는 인연들에게 최선을 다해야 한다. 나에게 준 인연을 어떻게 맞이하고 흡수하느냐에 따라서 우리의 질량은 급속도로 성장한다.

어린 시절에는 '나'를 위한 삶을 살았다면 성인이 되어서는 '너'를 위한 삶을 살아야 더욱 빠르게 상생의 길을 알게 된다.

내가 살아온 환경 속에 나의 재능이 숨어 있다. 그 재능을 발견하고 키워 가기 위해서는 배움의 시스템을 스스로 갖추어 가야 한다.

내가 원하는 삶이 어떤 것인지 끊임없이 묻고 답하면서 진정 내가 원하는 가슴 뛰는 삶을 만나야 한다. 생각만 해도 좋은 그런 삶을 향해 오늘도 노력해야 한다.

기회가 있을 때마다 하루하루를 의미 있는 시간으로 만들어 가야 한다. 지금 알아야 하는 미션이 들어오면 충분히 알 때까지 깊이 있게 완수해 내야 한다. 그 모든 미션이 하나의 통합적 지혜로 열릴 때까지 최선의 삶을 살아야 한다.

의미 없는 시간이란 없다. 재미있게 지금 여기를 살아가노라면 행복의 길은 자연스레 우리 앞에 모습을 드러낼 것이다.

인간 삶의 비밀을 밝히는 것은 평생 알아 가야 할 숙제 같은 것이다. 생각하고, 생각한 것을 이루기 위해 노력하고, 노력하는 가운데 더 좋은 생각이 첨가되면서 우리는 새로운 길을 찾을 수 있다.

인생을 매 순간 신나고 재미있고 보람있게 살아야 한다. 인생은 본래 어둡고 슬프고 고독한 것이 아니다. 인간은 본래 밝고 즐겁고 기쁘고 행복한 존재다. 인간으로 태어난 자체가 고맙고 감사한 일이다. 우주의 변화가 모두 다 우리 모두의 성장과 번영을 위한 노력이고 사랑이다.

우리의 타고난 소질과 능력을 개발하기만 해도 우리 앞에 무궁무진한 가능성이 펼쳐진다. 우리의 어려움은 자연의 이치에 역행하는 삶을 살고 있기 때문에 나타난다.

자연의 법칙에 순행하는 삶을 살기 위해 노력한다면 아무리 어려운 상황 속에서도 빛나는 삶을 살아갈 수 있는 것이 세상의 이치다.

지금 나에게 주어진 상황 속에서 올바른 삶을 살아가기 위해 노력해야 한다. 내 삶에 들어온 이웃들에게 내가 무엇을 해줄 수 있을지 고민하고 나누어야 한다. 내가 살아가는 사회를 위해서 무엇을 할 수 있을지 고민하고 나누어야 한다. 우리나라를 위해서 무엇을 해야 하는지 고민하고 나누어야 한다. 지구촌 시대를 맞이하여 인류를 위해서 무엇을 해야 하는지 고민하고 연구해야 한다.

나의 분명한 목적을 위해서 내가 가진 장점에 집중을 해야 한다. 그것을 더욱더 사랑하고 아름다운 생각을 계속해서 연구하고 개발해 가야 한다.

운동하고 등산도 즐기고 맛있게 음식을 먹고 즐겁게 일하고 대화의 꽃을 피워야 한다.

탁하고 잘못된 일에 대해서는 섬세한 촉을 발달시켜 미리미리 대비하는 노력을 해야 한다.

대자연은 우리에게 필요한 모든 것을 내어 줄 준비가 되어 있다. 다가오는 환경을 잘 흡수하고 받아들이면 대자연은 우리가 필요로 하는 것들을 기꺼이 내어 준다.

감사하면 감사할 일들이 계속해서 생긴다. 세상을 탓하지 말고 남을 비난하지 않으면서 지금 내가 해야 할 일을 잘하고 있다면, 그것이야말로 위대한 사랑을 실천하고 있는 것이다.

I. 배움
성공한 사람들은 늘 배우고 있다

1. 부와 성공으로 가는 길

부와 성공의 길로 가기 위해서는 무소의 뿔처럼 고독한 가운데 유유히 가야 한다. 무엇에도 흔들림 없이 내가 원하는 그 길을 가야 한다.

많은 사람들이 왜 그렇게 사느냐며, 편하게 같이 놀자고 유혹해도 굳건히 나의 길을 가야 한다.

기회는 항상 있다. 그것도 내 코앞에 있다. 위기 속에 더 큰 기회가 숨어 있다. 쉽게 타협하려 하면 기회는 멀리 달아나 버린다.

가능성을 현실로 실현하기 위해서는 기회를 찾아내 붙잡아야 한다. 모든 성공은 오늘 이루어야 하고 붙잡아야 한다. 오늘 어떤 결정을 내리느냐에 따라서 기회는 달라진다.

우리의 모든 육감을 믿고 기회를 지각해야 한다. 기회는 불운을 가장하고 엄청난 압박감으로 다가온다. 도망가지 않고 성장해야 그 기회를 붙잡을 수 있다.

기회는 우리 주변에 널려 있다. 내가 생각하고 뭔가에 관심을 가지면 그곳으로 에너지가 흐르고 결과가 나온다. 열정적이고 긍정적으로 바라봐야 통찰이 생기고 새로운 길이 보인다. 그래야 불편하고 불운한 것들도 나를 위한 행운으로 바꿀 수 있다.

성공은 자연스러운 흐름으로 이어져야 한다.

나를 알아야 나를 변화시킬 수 있는 지혜가 나온다.

인내심을 가지고 내가 원하는 일을 성취해 가는 노력보다 소중한 것은 없다. 내가 원하는 것이 없으면 아무것도 이룰 수 없다. 빈손으로 왔으니 빈손으로 가도 된다는 안이한 생각으론 무의미한 삶밖에 살 수 없다.

이 땅에 태어난 삶의 이유와 목적을 찾아야 한다. 내 꿈을 찾고 이념을 찾아서 뜻있고 의미 있는 일을 해야 인생유상의 큰 업적을 이룰 수 있다.

기술이 필요하면 기술을 익히고 부동산이 필요하면 부동산 공부를 하고 건물이 필요하면 건축을 하면 된다. 관심 있는 사업이 있으면 깊이깊이 파고들고 삶의 현장에서 배우고 익혀서 도전하는 삶을 살아가노라면 놀라운 기적이 일어난다. 구하는 자에게 길이 열린다.

인간의 삶은 개체이자 주체로 살아가야 한다. 자유 의지를 가지고 현실의 삶을 살아가는 것은 불안한 가운데 완전한 삶을 향해 나아가는 과정이다.

인간은 음의 기운과 양의 기운이 융합하여 서로 공의 수를 이룰 때 온전한 존재가 된다. 너와 내가 하나가 되고 위대한 사랑에 눈뜨게 되고 진정한 자유와 평화를 알게 된다.

구하는 것이 무엇이든 우리는 성취할 수 있다. 우리는 자연의 무한 가능성과 하느님의 무궁무진한 능력을 이미 가지고 왔기 때문이다.

　찬란한 미래를 꿈꾸면서 거룩한 여정을 향해 나아가야 한다. 이제 세상은 먼저 주는 사람들에 의해 움직인다.

　자연은 먼저 주고 뒤에 받는 원리로 움직인다. 주는 행위를 공의 차원에서 실천할 때 엄청난 에너지가 되어 돌아온다. 무엇을 줄 것인지는 고민해야 한다.

　10배 더 행동하라. 성공을 위해 임계점을 넘을 때까지 행동해야 한다. 그래야만 질량을 쌓을 수 있다.

　이제 마음만 먹으면 모든 정보를 알 수 있는 세상이다. 10배 더 크게 목표를 잡고, 10배 더 노력해라.

2. 목표 설정의 중요성에 대하여

인간은 뚜렷한 목표 설정이 없으면 새로운 변화를 위한 시도를 하지 않는다. 그런대로 만족하며 할 수 있는 만큼만 하고 만다.

내가 처음 개원을 했을 때는 통증과 기능 의학을 공부하는 것만으로도 의사로서 보람과 성취를 느꼈다. 한 달에 3천만 원 정도의 수익을 거두었지만, 월에 1억을 벌고 싶다는 목표가 생겼고 그 목표를 위해 열심히 노력했다. 그러던 중 미용 성형과 메디컬 스킨 케어에 관심을 가질 기회가 생겨 이 분야에 대해 공부하게 되었다. 이후 학회와 세미나를 통해서 체계적으로 공부를 하면서 흥미를 갖게 되었고 적성에도 맞았다. 피부 미용 성형으로 진료 과목을 변경하면서 새롭게 이전 개원을 할 수 있었다.

한 달에 1억은 벌고 싶다는 목표가 있었기에 조금의 망설임 없이 변화를 실행할 수 있었다. 변화와 동시에 기존보다 두 배 정도의 수익을 올릴 수 있었고 지금은 목표 달성 후, 새로운 목표를 향해 노력 중이다.

현재 우리의 삶은 지금까지 살면서 배운 모든 것의 결과이다. 현재 자신의 삶은 완벽하게 자신의 책임이다.

성공에는 성공의 법칙이 있다. 지혜를 얻기 위해 배우는 것은 쉽다. 하지만 그 지혜를 행동으로 옮기는 게 쉽지 않기 때문에 성공 역시 어렵다.

성공이 곧 목표이다. 목표를 설정하고 그것을 성취하기 위한 계획을 세우는 능력이 바로 성공의 핵심 기술이다. 강렬한 목표 지향성이 성공한 사람들의 필수적인 특징이다. 마음을 가다듬고 나 자신의 현재와 미래의 가능성에 대해 차분하고도 낙관적인 태도를 유지하는 것은 너무도 중요하다.

목표가 없으면 성취도 없다. 사람은 목표 지향적 유기체이다. 자신이 무엇을 원하는지를 아는 것에서부터 동기 부여가 시작된다. 하나의 목적에서 다음 목적으로 발전한다면 자연스레 성공으로 나아가게 되어 있다. 자신이 성취하고자 하는 방향으로 움직이지 않으면 결코 행복할 수 없다.

우리의 정신에는 목표 성취를 향해 우리를 안내하는 목표 추적 메커니즘이 있다. 이 목표 추적 메커니즘은 목표로부터 계속해서 피드백을 받아 자동적으로 코스를 정정한다.

목표를 명확히 하고 끈기 있게 집중하기만 하면 어떤 목표라도 대부분 성취할 수 있다. 목표를 명확히 세우기만 하면 그 목표를 달성할 수 있다는 건 자명한 진리다.

내가 지금 여기 있고 현재 이런 사람이 된 것은 내가 그렇게 결정했기 때문이다. 나의 생각과 선택, 행동이 현재의 나를 만든 것이다. 내가 경제적으로 부자가 되는 것을 목표로 세웠다면, 그 무엇도 내가 목표로 향하는 것을 막을 수 없다.

건강하고 재미있게 오래 사는 것이 목표라면 그 목표 역시 달성할 수 있다. 우리를 제약하는 유일한 장애물은 우리의 욕구뿐이다. 다시 말해 우리가 그것을 얼마나 간절히 원하는가의 문제일 뿐이다.

목적의식이 강한 사람이 그렇지 않은 사람을 항상 이긴다. 목표가 크면 클수록, 목표에 대한 열망이 강하면 강할수록, 자제력과 의지력을 발휘할 수 있다.

성공은 두 가지 대가를 필요로 한다. 하나는 원하는 게 무엇인지 명확히 결정하는 것이다. 둘째는 그것을 얻기 위한 대가를 지불하는 것이다. 우리가 원하는 것이 무엇이든, 그것을 얻기 위한 대가를 다 지불했다면 성공은 모든 사람들이 다 알 수 있도록 우리 앞에 이미 와 있다.

성공은 우연이 아닌 법칙이다. 현재의 삶은 우리가 지금까지 지불한 대가를 보여준다. 명확한 목표와 그 목표를 성취할 수 있는 계획을 갖는 것이 무엇보다 중요하다.

인생을 진지하게 임하고 행동으로 완성해 가야 한다. 나에게 일어나는 모든 일은 나의 책임임을 받아들여야 한다. 자신감을 가지고 내가 하는 일에 열정을 쏟아야 한다.

내가 하고자 하는 일이 실패했을 땐 더 위대한 성공을 위한 신의 배려라 생각하고, 더 중요한 목표를 세우는 계기로 삼아야 한다. 항상 좋은 쪽으로 생각하고 세상이 나를 위해 큰 에너지를 쓰고 있음을 알아야 한다.

우리의 목표는 우리의 가치관과 잘 맞아야 한다. 또한 내가 잘하는 분야를 찾아서 집중해야 한다.

기회의 땅은 우리 코앞에 와 있음을 알고 지금 마주한 사람들을 통해서 성장해 가야 한다.

다양한 분야에 폭넓고 탁월한 안목을 갖춰야 한다. 우리 삶이 성장과 발전을 계속해서 이어 갈 수 있도록 흐름을 만들어 가야 한다. 그러면서도 지금 시점에서 가장 시급하고 주된 목표를 정해야 위대한 성공의 출발점에 설 수 있다. 합목적적으로 이 목표는 우리의 미션이 되고 다른 모든 활동을 엮어 주는 원칙이 된다.

우주의 모든 에너지가 우리의 절대적 목표를 달성하기 위한 방향으로 작용하기 시작한다. 그러면 우리는 자연이 저항할 수 없는 힘을 갖게 된다. 세상의 그 어떤 것도 우리를 막을 수 없다.

목표에 추진력을 불어넣어라. 성공은 계속해서 또 다른 성공을 낳는다. 우리가 더 많은 일을 하고 시도할수록 더 큰 에너지와 열정을 갖게 되고 더 많은 성취를 할 수 있다.

3. 목표 달성을 위한 시스템

목표는 우리가 성취하고 싶어 하는 것을 마음속에 미리 만들 수 있도록 해주며, 그것을 현실로 나타내 준다. 또한 목표는 선명하고 강렬해야 더 빠른 성취를 이룰 수 있다. 강한 감정이 약한 감정을 지배하는 법이다.

우리의 주된 목표는 이기적이어야 한다. 즉, 오직 자신의 목표여야 한다. 자신이 설정한 목표에 확고한 믿음을 가져야 한다. 자신이 진정으로 원하는 것이 무엇인지 결정하는 것은 모든 위대한 성취의 출발점이다.

우리가 설정하는 목표는 현실적이어야 한다. 노력하면 성취할 수 있는 것이어야 한다. 그리고 자신의 성장을 위해 반드시 필요한 것이어야 한다.

목표를 세웠다면 그것을 종이에 기록한다. 기록하는 행위 자체가 자신의 바람을 더욱 강하게 만들고 목표를 달성할 수 있다는 믿음 또한 더욱 강하게 한다. 그뿐만 아니라 목표 달성 후에 얻게 되는 유익한 점도 모두 기록한다. 목표를 원하는 이유가 많을수록 동기 부여의 수준은 높아진다.

목표를 설정했다면 계획을 세운다. 잘 다듬어진 전체 계획을 세우는 것이 중요하다. 우선 가장 기본이 되는 마스터플랜을 세운다. 이때 현재 나의 위치, 출발점을 분석해 두면 큰 도움이 된다. 이후, 목표를 이루기까지의 기한을 정한다. 기한 내 목표를 달성하지 못했다고 하더라도 다시 기한을 정해 나아가야 한다.

마스터플랜을 세웠다면 그것을 우선순위에 따라 상세하게 적는다. 이렇게 세운 계획은 실행하면서도 추가하고 변경할 수 있다. 추가로 필요한 정보는 이후에라도 적극적으로 공부하고 파악해야 한다.

계획을 세울 시, 지도나 사진 같은 시각화된 자료를 활용하는 것도 좋은 방법이다. 보는 대로 얻기 마련이다. 목표가 달성되었을 때의 모습을 상상하는 것만으로도 욕구를 증가시키고 믿음을 강화할 수 있다.

극복해야 할 장애물이 있다면 내적이든 외적이든 자신에게 정직해야 한다. 그리고 최선의 노력으로 극복해 가야 한다. 불필요한 만남과 시간을 줄이고 내가 해야 할 일에 집중함으로써 나의 부족함을 메꾸어 가야 한다.

도움과 협력을 얻어야 하는 사람들의 명단을 작성한다. 누구의 도움이 가장 중요한지 생각한다. 우리는 다른 사람들에게 공헌한 만큼 보상받는다. 항상 받는 것보다 더 줌으로써 더 많은 것을 받게 된다.

마지막으로 어떤 일이 있더라도 절대 포기하지 않겠다고 결심한다. 오래 인내하고 견딜수록 확신과 결단은 그만큼 강해진다. 올바른 일을 적절한 방식으로 계속해서 해나간다면 결국 자신의 목표를 제시간 안에 달성하는 데 필요한 사람들과 자원이 나타날 거라는 믿음을 항상 마음속에 두어야 한다. 계속해서 하고 또 하면 결국은 성취할 수 있다고 100프로 믿어야 한다.

두려움 없이 이룰 수는 없다. 성공에 대한 믿음과 확신을 가지고 긍정적으로 해가다 보면 자연이 이끌어 주는 위대함에 눈뜨게 된다.

4. 내가 할 수 있는 일에 한계를 두지 마라

내가 하고 싶은 일은 무엇이든 할 수 있다. 할 수 없다고 스스로 단정 짓고 포기하지 않는다면 무슨 일이든 이루어 낼 수 있다.

전문 분야에 필요한 지식과 재능은 3년이면 갖출 수 있다. 요즘은 어떤 분야든 새롭게 공부하면 전문가 못지않은 실력을 쌓을 수 있는 세상이다.

사실에 근거해서 바르게 도전하면 무엇이든 성취할 수 있다. 왜 그것을 하고 싶은지 이유가 명확하고 강렬할수록 빠르게 성취할 수 있다.

배우고 싶은 게 있다면 그 현장으로 바로 뛰어들어야 한다. 수입의 많고 적음을 떠나서 배우고자 하는 열정만 있으면 세상은 누구든 두 팔 벌려 환영할 것이다.

해보고 이것이 아니구나 생각되면 새로운 아이템을 찾으면 된다. 다양한 분야에 도전하다 보면 나의 적성에 맞는 일을 만나게 된다. 어느 정도 목표를 성취하고 나면 좀 더 새로운 사업을 만날 수도 있다.

우리가 그 환경을 만들어 나간다면, 자연은 환경에 맞는 인연을 보내준다. 그때 우리는 인연을 잘 맞이하고 서로 의논하여 상생의 길을 모색해 가야 한다.

미래에는 지금보다 10배 더 강력한 시장을 만나게 될 것이다. 지금 알 수 없는 미래를 위해서 미리 결정할 필요는 없다. 그때 그 상황에 맞는 선택을 하면 된다. 때를 기다리고 지금 내가 해야 할 일을 잘 완수하는 것이 성공과 성장의 첩경이다.

앞으로 다가올 찬란한 미래를 생각하면서 오늘 내 앞에 오는 사람에게 내가 할 수 있는 최고의 환대를 해보자.

우리가 살아가는 삶의 발걸음은 위대한 역사가 되고 누군가에겐 희망이 될 것이다.

아름답고 위대한 삶, 빛나는 삶이 되도록 지금 우리가 살아가는 하루하루에 최고의 선택을 하자.

5. 성장하는 삶

인생은 배움의 연속이어야 한다. 배움의 질량이 커지면 내공이 쌓이고 내공이 차면 지혜가 열린다.

자연의 법칙을 안다면 인생을 살아가다 어려운 문제가 다가온다 해도 지혜로 풀어 갈 수 있다. 우리가 풀 수 없는 문제는 없다. 다만 어떻게 풀어 가는지를 자연은 관찰하고 지켜볼 뿐이다.

어떤 노력을 하는지를 보고 방향을 바로 잡으면 문제를 쉽게 해결할 수 있는 문이 열린다. 자꾸 엉뚱한 방향으로 길을 가면 그 길이 아님을 일러주기 위해 대자연은 매서운 회초리를 들 것이다.

어려움을 이겨내는 삶에는 특별한 삶의 매력과 향기가 있다.

잠깐의 멈춤은 자신을 되돌아보기 위한 자기 점검의 시간이다.

적당한 거리에서 상대를 관찰하면 본 모습이 드러난다.

세상의 이치가 보이지 않을 때는 세상을 알기 위한 노력을 해야 한다. 그리하면 알면 알수록 분명해지고 시원해지는 성장하는 삶의 길을 만나게 된다.

6. 사람의 아름다움은
젊음이 아니라 인품이다

 고매한 인품은 어떤 꽃보다 향기롭다. 사람의 됨됨이를 갖추어 가는 것은 부조리와 결탁해서 살아가는 것이 아니라, 모순과 부조리를 바로잡고자 하는 노력이다. 사람의 품성에서 나오는 밝음은 우주를 비추고 우리 삶의 등대 같은 희망이다.

 우리에게 스승의 부재는 어떻게 살아가야 하는가에 대한 방황이고 아픔이다. 이 시대를 관통하는 지도자의 부재로 인해 사회가 고통받고 나라가 힘들고 인류가 힘든 시기를 우리는 경험하고 있다. 사회 질서를 바로잡는 것은 구석구석에서 자연의 이치를 알고자 하는 몸부림이고, 어렵고 힘든 사람들과 손에 손을 잡고 하나 되어 가기 위한 노력이다. 빵 하나 주고 견디라는 것이 아니라, 살아가는 방법을 함께 연구하고 상생으로 가기 위한 눈물겨운 노력을 해야 할 때이다.

 전쟁의 폐허 속에서도 맨주먹으로 일군 대한민국이다. 세계의 문물이 물밀 듯이 이 나라로 몰려와 일군 눈부신 성장은 세계가 주목하기에 충분한 기적이었고 성장이었다. 이제 대한민국에서 성장의 동력을 함께 나누고 공유하는 축제의 장을 펼쳐야 한다. 바르게 성장하는 법을 새롭게 연구하고 소통하며 인류가 하나 되어 상생하는 지혜를 열어야 할 때이다.

지식의 한계를 극복하고 지혜의 차원을 열어야 한다. 지식의 창고에 갇혀 버리면 지식의 충돌로 인해 아귀다툼의 세상이 되고 만다. 세상의 이치를 밝혀서 다 함께 성장하는 인류 공영의 삶을 실현해야 한다.

엄청난 시대 변화의 과도기를 맞이하여 새로운 삶의 가치와 철학을 나누고 자신의 삶을 살아 내야 한다.

7. 삶의 한복판에서

 나의 진심을 이해하는 한 사람이 있다면 나는 외롭지 않다. 그 한 사람조차 없다면 나는 어디에서 힘을 얻을 수 있을까?
 스스로에 대해 신뢰를 지니고 있다면 우리 삶은 위축되지 않을 수 있다. 내가 너를 위해서 최선을 다하며 내 삶을 온전히 삶을 누릴 수 있고, 너와 소통할 수 있다면 기회는 항상 있다.
 소통이 되지 않는다면 단순하게 사는 게 좋다. 부질없는 만남들에 시간을 낭비하기가 쉽기 때문이다. 내가 원하는 삶을 위해서 노력을 하노라면 재미있고 보람있게 삶을 살아갈 수 있다. 하루하루가 충만해지고 기쁨과 희망으로 가득 차서 어떤 난제가 닥친다 해도 위기를 기회로 만드는 지혜가 생긴다.
 문제를 풀어 가는 능력을 키우는 것이 공부이다. 문제가 생기지 않도록 노력하는 것도 공부이다. 까다로운 고객의 불만을 해결하는 노력은 폭넓은 공부와 세심하게 해결할 줄 아는 풍부한 경험에서부터 시작되어야 한다. 한 번 더 공부하고 도전해 보는 열정을 가지자.
 오늘 내가 할 수 있는 최고의 시간을 보내고 좀 더 깊이 있게 생각을 한다면 긴 터널을 지나 희망찬 삶을 맞이하게 될 것이다.

    삶의 한복판에서 무거운 짐을 내려놓고 싶을 때도 많지만 그 짐이 있어 성장하는 나를 보게 된다.

8. 위기는 누구에게나 어느 나라에나 다 있다

우리가 해야 할 일을 잘한다면 위기가 오는 것이 아니라, 기회와 희망으로 가득 차서 오게 되는 것이 자연의 법이다. 전쟁 같은 삶 속에서도 내가 해야 할 일을 잘하고 있다면 큰 위험 가운데서도 큰 성장을 하고 자연의 보호 속에서 살아간다.

성장이 멈추면 답답해지고 어려움이 오고 아픔이 찾아온다. 큰 성장을 위해서 대대적인 점검의 시기를 가지기도 한다.

지금 대한민국의 상황도 국제 사회의 패권 전쟁도 우리 개인의 삶도 그렇게 다 연결되어 있다.

무엇을 해야 하는지 모르고 머물러 멈추어 있고 해야 할 일은 하지 않고 개인과 자기 조직의 이익만을 추구하기 때문에 어려움은 점점 더 커져 가고 있다.

위기를 인식하고 새로운 돌파구를 찾는 것은 현실에 대한 자기 점검을 통해서 해야 한다.

다시금 자신을 살피고 세상을 살피고 내 앞에 오는 사람에게 꿈과 희망을 주는 양장력을 길러야 한다.

스스로 무너지면 아무도 나를 일으켜 세울 수가 없다. 내가 튼튼하게 세상과 관계를 맺을 때 새로운 활력이 생긴다. 도전하고 또 도전해야 한다. 내가 추구하는 가치와 꿈에 대하여 배우고 익혀서 실력을 쌓아 가지 못한다면 위기는 항상 어느 곳에서나 찾아온다.

9. 성공은?

 공적인 업적을 이루었을 때 성공했다고 말할 수 있다. 사적인 성취가 공적 목적에 부합한다면 성공이라 할 수 있다. 나의 성취가 너의 즐거움을 일으키는 일이라면 그 일이야말로 성공으로 가는 첩경이다. 내가 하는 일이 너에게 즐거움을 주고 너와 내가 하나가 되어 가는 상생으로 가는 일이라면 그만큼 우리는 성장한다.

 너를 위한 연구 그리고 사회를 위한 연구를 해 나갈 때 내가 해야 할 일이 새롭게 생긴다. 내가 할 줄 아는 일에만 매달려 있다면 쉽게 시대에 뒤떨어지는 사람으로 남을 수도 있다. 고집스럽게 장인 정신으로 나의 일을 하더라도 시대 변화에 따른 변화를 시도하는 삶을 지향해야 생동감이 있다.

 나이를 먹어 갈수록 건강의 중요성이 더 크게 다가온다. 좋은 생각은 내 몸을 건강하게 한다. 건강해야 진정으로 내가 하고 싶은 일을 할 수 있고, 훌륭한 업적을 남기고 성공의 길을 갈 수 있다.

 나의 노력이 환경을 바꾸고 하늘을 움직인다는 이치를 우리는 알고 있다.

 돈은 하늘의 에너지다. 사람을 통해서 움직이고 노력에 따라, 질량에 따라, 갖춤에 따라, 움직이는 것이다.

성공이란 내가 원하는 삶을 사는 것이다. 또한 내가 무엇을 원하는지 아는 것이고 나의 가치관에 따라 그에 부합된 삶을 지금 여기에서 살아야 한다. 즐겁고 기쁘고 행복해지는 삶을 사는 것이다.

나이 오십이 되면 지천명을 알아서 그에 따르는 삶을 살아야 한다. 자연의 이치를 알아서 우리 삶 속에 구현해야 한다. 나를 알고 너를 알고 세상의 이치를 알아 가는 것이다.

인연의 소중함을 알고 최선을 다해서 그 의미를 살리는 삶을 살자.

10. 인생살이

한고비를 넘기면 또 고비를 맞이한다. 한 가지를 해결하고 나면 뜻밖의 문제가 우리 앞을 가로막는다. 혼자서 할 수 있는 일은 극히 제한적이다. 우리가 힘을 모아 어려움을 함께 풀어 가기 때문에 더 큰 힘이 생기고 우리가 원하는 일을 해낼 수 있다.

우리가 노력을 할 때 하늘은 우릴 돕는다. 하늘의 도움을 받기 위해서는 우리의 노력이 하늘과 땅이 감동할 만큼 명분과 열정이 있어야 한다.

나의 길을 만나면 나는 그 길을 통해서 희망과 비전을 알게 된다.

내가 살아가는 하루하루가 우리 모두의 번영과 행복을 가져올 수 있기를 희망해 본다.

오늘을 맞이하는 나는 지난 과거 살아온 모든 노력의 총합으로 오늘의 삶을 맞이하고 있다.

나에게 오는 모든 것은 내가 어떻게 사느냐에 따라 시시각각 다가오는 진행형의 삶이다.

오늘도 나는 참으로 과분한 사랑 속에 오늘을 맞이하고 있다. 실수를 하기도 하고 부족하기도 하지만 기회 있을 때마다 도전하는 삶을 선택하며 살았던 것 같다. 아직도 길을 몰라 헤매는 삶이지만 지금 여기에서 최선의 선택을 하며 재미있게 신나게 한세상 살아보고 싶다.

돈은 국민의 피와 땀이다. 돈은 살아서 움직이는 생명이다. 누구에게나 주어지지만 누구는 빼앗기고, 누구는 빼앗고 있다. 돈은 쓸 수 있는 명분이 있으면 쓸 수 있게 되어 있다. 명분을 찾지 못하기 때문에 기회를 얻지 못한다. 돈은 잘 쓰면 돌고 돌아 다시 내게 돌아오지만, 잘 쓰지 못해서 빼앗기면 돌아오지 않는다. 돈은 쓰기 위해 있는 것이지 모으기 위해 있는 것이 아니다. 억지로 모은 돈은 누군가가 빼앗아 가게 되어 있다. 돈을 잘 쓰는 사람에게 자연은 항상 더 큰돈을 맡긴다.

나와 내 주위 사람들을 교육하는 데 30프로의 돈을 쓰면 절대 망하지 않는다. 사람은 끊임없이 배우는 데서 성장하기 때문이다.

돈을 쓸 때 쓰고, 쓸 데가 없어서 놓아두면 저절로 모인다. 자연은 돈을 소중히 하는 사람에게 돈을 주었고, 지식을 구하는 사람에게 지식을 주었다. 지식인이 돈을 탐내면 무식해진다. 질량을 갖추면 돈은 저절로 온다. 자신에게 주어진 환경은 사실 자신이 원해서 자연이 준 환경이다. 돈을 소중히 하지 않는데 돈이 모이는 경우는 없다. 돈은 자신의 주인을 정확히 찾아간다. 돈의 주인이 되고 싶으면 돈의 속성을 알고 돈을 잘 쓸 줄 아는 사람이 되어야 한다. 없는 돈을 억지로 모으려고 하면 할수록 더 멀리 달아난다. 있고 없음에 구애받지 말고 지금부터라도 잘 쓸 수 있는 질량을 갖추어야 한다.

　사회가 요구하는 미래의 신패러다임을 연구하고 실현하고자 하면 돈은 저절로 쓸 수 있는 환경이 만들어진다. 돈을 가지고 있는 사람은 그런 인재를 애타게 찾고 있기 때문이다. 돈을 지키는 사람이 아니라, 돈을 쓸 수 있는 사람이 되어야 한다.

11. 성공한 이후의 삶

타고난 그릇만큼 충분히 이루었다고 하더라도 그 이후의 삶을 어떻게 영위해야 하는지 모른다면 다시 추락을 경험할 수도 있다. 성공을 했다면 성공 이후의 삶이 더욱 빛나도록 운용의 지혜를 발휘해야 한다.

더 큰 성공을 좇아 너무 과도한 욕심을 내기보다 내가 하는 일을 통해서 의미 있는 일이 되도록 연구 발전해 나가야 한다. 먼저 성공을 이루게 한 것은 뒤에 오는 사람들을 성공으로 이끌기 위함에 있다. 개인도 그러하고 국가도 그러하다. 성공한 이가 먼저 손을 내밀지 않는다면 길을 알 수 없는 우매한 중생들의 삶은 혹독하고 한스러운 삶이 되고 만다. 선순환의 원리는 성공한 이가 먼저 주고 뒤에 받는 인생의 도리이다.

바른 노력은 성공으로 가는 첩경이다. 지금 나에게 준 환경을 토대로 나의 삶을 살아가기 위해 내가 나아갈 바를 명확하게 찾아야 한다. 세상을 비난하거나 비판, 불평한다면 한 발짝도 나아가지 못한다. 현실의 바탕 위에 오늘 내가 할 수 있는 일을 찾아야 한다. 그 일을 만나면 하루하루가 힘들고 고달파도 뿌듯하고 신난다.

지금 나의 환경을 아는 것이 나를 아는 첩경이다. 나를 알았으면 그다음은 내가 해야 할 일을 찾아 방법을 연구해야 한다. 그리한다면 성장은 자연스러운 흐름이 된다.

    타고난 나의 근기는 스스로 알아야 내가 원하는 삶을 살아갈 수 있다.

    성공했다고 해서 고집만 강해진다면 결국 그 고집이 자신을 무너뜨릴 것이다. 세상의 변화에 유연하게 대처해 가는 여유와 품격을 갖추어야 한다.

12. 공부하는 삶

공부는 공의 차원에서 천부의 지혜를 알아 가는 과정이다. 공부가 된 만큼 내가 해야 할 일을 알게 되고 의미 있는 인생유상의 삶을 살게 된다. 공부가 되지 않기 때문에 허송세월을 보내고 무엇을 해야 할지 알 수 없어 분주하기만 할 뿐, 삶의 묘미를 알지 못한다.

내 앞에 오는 일을 잘 처리하기 위해서 공부하는 삶을 살아야 한다. 잘 해결하기 위해서 최선을 다하다 보면 거의 모든 일은 해결할 수 있는 방법이 있다.

보이는 것은 보이지 않는 것에 의해 드러난다.

유무상생의 삶을 실천하기 위해 삶의 지혜를 공부해야 한다. 공부하는 차원에서 투자도 하고 일도 하고 사람도 만나면서 살아야 배울 점이 많고 나날이 성장하는 삶이다.

학회에 참석할 때마다 새로운 것을 배우고 나의 부족함을 알게 된다. 고객을 통해서 배우다 보면 어려움이 클수록 더욱 많이 배우게 되고 디테일이 살아나게 된다. 여행을 가도 공부하는 차원에서 가다 보면 어디를 가도 즐겁고 편안하다. 등산을 하더라도 무심히 걷노라면 삶의 현안을 해결할 지혜와 기운이 온몸으로 들어온다.

삶의 굽이굽이 좋은 인연을 끌어들이는 자세는 소통하는 삶이다. 허심탄회하게 나누다 보면 서로를 알게 되고 바른 선택을 하게 된다.

틈틈이 자연 속에서 산책을 하다 보면 내면을 성찰할 수 있고 건강해지고 숙면을 취할 수 있다.

삶의 면면을 배우는 자세로 대한다면 어떤 어려움도 헤쳐 나갈 지혜가 생긴다.

때를 기다리고 나의 모자람을 알아 가는 공부하는 삶에는 아름다움이 있다.

13. 성장하는 인생살이

누구나 성공을 꿈꾸지만 성공이 무엇인지 아는 사람은 그리 많지 않다. 각자가 원하는 것을 성취하고 하고 싶은 일을 하며 즐겁고 기쁘게 행복하게 살 수 있다면 성공이라 할 수 있다.

나에게 다가오는 다양한 난제들을 잘 극복하고 더욱 성숙한 삶을 살아간다면 아름다운 일이다. 나에게 다가오는 인연들과 서로 잘 소통하고 진솔하게 서로를 이해하고 하나 되기 위해서 노력한다면 상생의 삶을 맞이하게 된다. 저마다 각자가 꿈꾸는 성공을 이루고 나날이 더욱 성장해 간다면 우리의 인생살이는 살아 볼 만할 것이다.

인생에 어려움이 가득한 까닭은 우리의 무지와 바른 삶의 길을 안내하고자 하는 신의 배려이다. 우리는 어려움과 아픔 앞에서 겸손해진다. 주어진 환경 속에서 가능한 최선의 선택을 하려고 노력하는 하루하루의 삶이 성공의 첩경이고 성장하는 인생살이가 될 것이다.

깊은 고민과 성찰 속에 삶의 지혜가 샘솟는다.

보고 듣고 나누는 삶 속에 삶의 성숙이 있다. 먼저 들어주고 자세히 관찰하고 나의 에너지를 먼저 주어야 한다. 먼저 주면 되돌아오는 것이 자연의 법이다. 나의 에너지를 주지 못하기 때문에 성장이 멈추어 버린다. 그리곤

퇴행의 삶을 꿈꾸고 그렇게 어린아이처럼 퇴행의 행동을 하게 된다.

성숙한 삶이란 나를 알고 너를 이해하고 세상의 이치를 알아서 바르게 대처하며 살아야 한다. 시대의 흐름을 알아야 하고 오늘 내가 살아야 할 삶의 깊이를 이해해야 하기 때문에 쉽지 않은 인생이다.

그럼에도 불구하고 세상의 성장을 믿어야 한다. 세상이 우리를 바르게 이끌고 있음을 알아야 한다. 세상에 대한 긍정으로 나를 긍정하고 너를 긍정해야 하고 본래 하나의 생명이었음을 가슴 깊이 알아야 한다.

14. 우리는 어떻게 성장하는가?

　자신의 노력이 40프로, 환경으로부터 받는 도움, 조상의 도움까지 포함해서 30프로, 하늘의 도움이 30프로이다.
　환경의 에너지, 지기를 흡수하고 하늘의 기운을 받는 일은 이념을 세우는 것이다.
　불혹을 지나 지천명이 되면 하늘의 기운을 받고 운용하는 세상의 지도자, 진정한 리더가 되어야 한다.
　자연의 의도를 안다는 것은 자연의 법칙을 아는 것이고, 자연을 수용하여 하나가 되는 것이다
　현실은 그렇게 냉혹지 않다. 자연은 우리에게 끊임없이 성장의 기회를 주고 있을 뿐, 이유 없이 우연히 아픔을 주는 법은 없다.
　나를 사랑하고 자연을 사랑하고 환경을 사랑하고 사람을 사랑하고 세상과 인류를 향한 위대한 발걸음을 내디뎌야 한다. 그 순간 우리는 천신의 보호 속에 즐겁고 기쁘고 행복한 삶을 매일매일 순간순간 살아갈 것이다.

15. 성장한다는 것은?

내 잘못 없이 나에게 어려움이 오는 법은 없다. 나에게 어려움이 왔다고 남 탓을 하게 되면 절대 나의 모순과 부족함을 깨치지 못해서 더 큰 어려움이 찾아온다.

정부를 탓하거나 좌익을 탓하거나 우익을 탓하면 탓할수록 내 문제는 해결되지 않고, 점점 더 큰 어려움이 오는 것이다.

오늘 나에게 주어진 환경을 수용하고 감사하면서 나를 갖추기 위해서 노력하며 사는 삶은 아름답다.

잘못한 것이 있어서 역경계가 올 때에도 기꺼이 즐거운 마음으로 흡수하면 어려움은 커지지 않고 사라져 갈 것이다.

상대의 의도를 잘 경청하면 상대의 에너지를 흡수하게 되어 상생의 원리로 풀어갈 수 있다. 어찌해야 할지 감이 오지 않으면 입을 닫고 상대의 말을 들어라. 잘 경청하고 나면 내가 해야 할 말과 행동이 저절로 나온다.

우연한 사고는 없다. 사의 기운이 뭉치고 뭉쳐서 자연이 우리에게 그 질량이 찼음을 알려 주는 신의 배려인 것이다. 우리에게 보여 주는 모든 것이 나의 공부거리로 왔던 것이다. 인연이 그렇게 왔고 환경이 그렇게 주어졌는데 우리는 그냥 지나쳐 버린 것이다.

나의 부족함과 모순을 바로잡아 바르게 살려고 노력하는 삶을 100일, 3년, 10년을 살다 보면 드통하는 삶을 살 수 있지 않을까!

상대를 비난하거나 불평하기보다 나 자신을 먼저 돌아보는 것이 수행이고, 나의 공부였음을 이제 깊이깊이 반성하게 된다.

나를 위한 삶이 아니라, 내 앞에 인연으로 오는 상대를 위해서 살아가기 위해 노력할 때, 자연은 우리에게 기운을 주고 더 큰 기회를 준다. 억지로 하는 것이 아니라, 즐겁고 기쁘게 할 때 엄청난 기운이 생기는 것이다.

상대를 위한다는 것은 영혼의 성장을 위해서 필요한 도움을 주는 것이어야 한다. 쉽지는 않지만 우리가 이 땅에 온 까닭이 그러하기 때문이다.

16. 삶은 성장이다

    오늘을 산다는 것은 나의 존재가 성장하는 것이다.
    사람을 만난다는 것은 나에게 새로운 기운을 받아들인다는 것이다.
    공부를 한다는 것은 나를 변화시킨다는 것이다.
    운동을 한다는 것은 나의 몸을 아끼고 사랑하는 것이다.
    일을 한다는 것은 나를 표현하는 것이다.
    사랑한다는 것은 우리가 하나가 되어 가는 것이다.
    삶은 그렇게 익어 가고 빛나는 것이다.
    삶을 살고 싶다.
    고정된 삶이 아닌 자유롭고 유연한 지복으로…….

17. 삶은 배움이다

자신이 무엇을 좋아하고 무엇을 남들보다 잘할 수 있고 자신이 꿈꾸고 있는 삶의 모습이 무엇인지 확실하게 알아야 한다. 자신을 갖추어 감에 따라 기본이 갖추어지는 것이 30프로의 성장이다. 30프로 성장을 하고 나면 한 단계 뛰어넘을 수 있는지 다음 표적이 눈에 들어오고 자연의 점검이 있게 된다. 그 순간을 어떻게 받아들이고 넘기는가에 따라서 팽창의 시기를 준다.

어려움은 그 산을 넘고 나면 또 다른 성장의 기회를 준다. 그것은 사람과의 관계를 통해서 경지가 움직이는 것이다.

70프로의 성장을 이루고 나면 또다시 어려움이 온다. 이제는 진정으로 빛나는 삶을 살 수 있는 이념이 있는지 달아보는 시기이다. 정법으로 살면 빛나는 삶이 기다리고 욕심으로 더 갖고자 하면 우리의 의무를 다하지 못해서 앞앞이 말 못 하고 구석구석 눈물 흘리는 삶을 살아가야 하는 것이다.

배우는 자세로 받아들이고 우리 주위의 사람들과 의논하면서 풀면 풀리지 않는 문제는 없다. 내 고집으로 내 욕심으로 풀려고 하면 어려움은 점철되어 점점 기운은 떨어지고 파멸로 갈 수 있다. 이때 스승을 만나 가르침을 받을 수 있는 기회가 있다는 것은 엄청난 축복이다.

    배우는 기쁨은 적지 않다. 공부하지 않으면서 성장은 요원하다. 운동이 육체를 건강하게 만든다면 마음의 양식을 키우는 것은 공부이다. 공부를 하지 않으면 참 행복은 어렵다. 배우고 또 배우면 흘러넘쳐 길이 되고 삶이 되어 우리를 자유롭고 걸림 없는 평화로움으로 인도할 것이다.

18. 우리 삶의 궁극의 목적은 영혼의 정화이다

　우리가 이타행을 하고, 재미있게 일을 하는 것은 우리 영혼의 정화를 통한 기쁨과 행복의 추구이다. 함께하는 사람들과 소통하는 법을 배우고, 서로를 위해서 노력하는 삶을 통해서 상생의 삶을 누리다 보면 환경은 점점 좋아진다. 건강하고 튼튼한 마음을 통해서 더욱 튼튼해지는 나를 만나게 되고 가볍고 상쾌하게 살게 된다.

　나를 찾아오는 고객들에게 반갑게 인사하고 무엇을 할 것인지 고민하고 잘 대하는 것이 가장 중요하다. 원하는 것을 해결해 주고 잘 대해 주는 것이 어떤 것인지를 연구해 본다.

　일과 관계해서 만나는 다양한 만남이 있다. 만남을 통해서 우리는 새롭게 살아나고 새로움을 받아들인다. 그러면서도 우리 삶의 궁극의 목적은 영혼의 정화이다. 더 맑고 밝은 나를 만나는 것이다.

19. 삶은 일이다

삶은 해야 할 일을 하거나 하고 싶은 일을 하는 과정이다.

부질없는 만남에 시간을 낭비하지 마라. 즐겁고 유익한 만남, 서로에게 힘이 되고 도움이 되는 그런 만남이어야 한다. 무의미한 만남과 부질없는 말들, 서로 눈치 보거나 성장에 도움이 되지 않는다면 과감하게 시간을 아껴라.

혼자 공부를 하거나 일을 하거나 운동을 하는 것이 더 좋다. 나의 성장을 위한 문화생활이나 유익한 모임에는 즐겁게 다녀야 한다. 내 영혼의 성장을 위해서 휴식을 취하거나 일하거나 공부하거나 서로 소통하고 대화할 수 있는 사람을 만나야 한다. 일하는 가운데 나의 모든 역량은 드러나기 마련이다. 그것은 경험과 사유의 결과물이다.

살아오며 굽이굽이 상처받기도 하고, 상처를 주기도 하며 잘해 준다고 한 일이 상대를 나약하게 하고 비굴하게 만들기도 했다. 바르게 일을 처리했을 때 오는 상쾌함이 있다. 비록 힘들고 고난의 길이라 해도 내가 할 수 있는 최선의 방법을 고민하고 연구하며 살아야 한다. 그때 자연이 주는 찬사가 바로 선물이다.

20. 삶은 내가 만들어 가는 것이다

내 실력만큼 발휘하며 내가 가진 질량만큼 쓴다. 내가 준비되지 않았는데 기회가 오는 법은 없다. 내가 해야 하는 일을 하고 있으면 반드시 기회는 온다 기회가 올 때는 감사히 받아들여야 더 좋은 기회를 만난다.

바르지 않은 길을 가면 어려움이 오고 아픔을 경험한다. 조금 힘들고 아플 때 빨리 알아차려서 바르게 노력한다면 어려움은 쉽게 해결된다.

그 누구도 원망하지 말고 나의 부족함을 찾아라. 세상의 어떤 상황도 내가 배워야 할 환경으로 접하라. 바르지 않은 것은 그 힘을 잃을 것이고 아픔을 경험하게 될 것이다.

자연의 이치는 명쾌하고 틀림이 없다. 어리석음을 일깨우기 위한 방편임을 빨리 알아차려서 평정심을 찾고 내가 해야 할 일을 찾아라.

나의 선택이 나의 삶이다. 환경은 주어지지만 선택은 항상 나의 몫이다. 남과 환경을 탓하지 말고 지금 내가 해야 할 일에 집중하라. 세상은 이유가 있어서 그렇게 흘러가고 있다. 자연의 배려는 그토록 섬세하게 우리를 일깨우고 있다. 다만 우리의 판단이 우리의 안목을 흐리게 한다. 자연의 일은 자연에 맡기고 나는 나의 삶을 맞이하자. 판단을 중지하고 있는 그대로 바라보는 통찰을 가진다는 것은 나를 살아 있게 만들고, 상대도 살리는 것이다. 통찰을 통해서 상대를 존중하고 상대를 살리는 삶을 살 때 나도 존중받고 우리의 기쁨도 커진다.

21. 영혼의 해방은 영혼의 성장이다

우리는 원하는 것을 이루기 위해서 어떤 노력을 하느냐에 따라 새로운 길이 열린다. 내가 할 수 있는 일을 성심성의껏 하고 있으면 원하는 것을 이루게 해준다. 그때 만나는 인연들에게 얼마나 명분 있게 대하고 상대를 존중하며 대하느냐가 정말로 중요하다.

떠나는 환경은 잡지 말고 다가오는 환경을 내 삶의 정보로 받아들일 때 우리 영혼은 성장하고 자유를 느끼게 된다. 내가 하는 일이 잘될 때 모든 일이 다 술술 풀린다.

내가 어떤 명분과 이념을 갖게 되느냐에 따라서 내게 다가오는 인연 역시 정해진다. 욕심이 많으면 욕심으로 인해 어려움을 겪게 되고, 뜻있는 일을 꿈꾸고 있으면 그 일을 성사시켜 줄 귀인이 나타나 그 일을 이루어지게 돕는다. 필요한 모든 인연이 줄줄이 다가와 꼭 필요할 때 필요한 것을 해결해 준다.

하늘이 돕지 않고는 작은 것도 이루기 어렵다. 내가 하고자 하는 일이 세상의 공익이 되는 일이면 이루어지게 하고 사익을 추구하면 옹색하게 만들어 버린다.

세상을 향해서 선하고 의미 있는 일들 찾아 새로운 것을 과감하게 내놓을 때, 우리에겐 엄청난 성장의 기회가 찾아오며 우리가 존재하는 의미를 알게 된다. 큰 기회를 얻음과 동시에 더 큰 공부를 하기 위한 토대가 마련되는 것이다.

큰일을 해야 한다면 명분을 찾아서 해내야 한다. 끝없는 자신의 성찰을 통해서 우리는 영혼의 정화를 거듭거듭 해가야 하리.

우리 삶의 목적은 영혼의 정화이다. 탁하고 모순된 어리고 여린 영혼을 힘 있고 능력 있고 바른 판단과 명분을 찾아 성숙한 영혼으로 성장시켜 가야 한다.

22. 무한 긍정의 삶

　살다 보면 뜻하지 않은 실수를 하기도 하고 작은 사고들이 나기도 한다. 좋은 소식도 있고 나쁜 소식도 있는 것이 인생이다. 좋은 일에 초점을 맞추어 살아가다 보면 나쁜 일도 쉽게 넘어간다. 안 좋은 일에 초점을 맞추면 기운이 떨어지고 힘이 없고, 사는 낙을 잃는다. 그러다 보면 좋은 소식에도 불길한 예감이 들어 제대로 누리지 못하고 기회를 날려 버리기도 한다.

　어떤 사건이 생기더라도 그 후속 조치를 어떻게 처리하느냐에 따라서 상황은 매 순간 새롭게 다가온다. 무슨 일이든 좋은 배움의 기회로 삼고 자신을 다시금 성찰하는 계기가 된다면 손실보다 득이 훨씬 많은 인생을 맞이할 수 있다.

　기운을 살리는 말 한마디가 인생을 바꿀 수도 있다.

　잘 대처해 간다면 승승장구하고 끝없는 성장의 길을 갈 수 있는 것이 인생이다.

23. 공부란 나의 삶을
살아가기 위한 것이어야 한다

인간은 육생 넘어 인생을 살아가야 하기 때문에 양심이 있는 것이다.

나를 위한 삶을 살았으면 너를 위한 삶을 살아야 한다. 그래서 너와 내가 하나 되어 가기 위한 삶을 살아야 한다.

배우고 익혔으면 실전에서 잘 써야 한다. 잘 쓰지 못하면 배웠어도 의미를 살릴 수가 없다. 무엇이 공부인가? 우리에게 다가오는 모든 것이 공부이다. 언제 어떻게 쓰일지 알 수 없기 때문에 흡수하고 쓸어 마시며 세상을 관조하고 배우고 익혀 가는 것이다.

현장에 답이 있다. 실천해 보고 직접 가 보고 나의 느낌대로 살아가는 것이 공부이다.

가고 싶으면 가 보고, 살까 말까 망설여지면 기다려라. 생각이 명료하지 않으면 명료해질 때까지 기다리는 힘이 필요하다. 그때 선택을 하면 된다.

배우고 싶은 것을 배우면 항상 새로운 기운이 생한다.

하고 싶은 일을 하고 대원의 삶을 꿈꾼다면 이루지 못할 일은 없다.

새로운 문화를 만들어 내는 것은 열정이고 사랑이다.

소통하고 거침없이 나의 삶을 살아라. 누구에게 의지

하기 위해서 만나는 것이 아니라, 상생의 삶을 살기 위해 나누어라. 머뭇거리다가 기회를 다 놓치지 말고 오늘 내가 해야 하는 일이 무엇인지 연구하고 관조하며 지금 여기를 살아야 한다.

24. 매 순간이 배움의 과정이다

포기하고 싶을 때가 있다. 다 내려놓고 소소하게 살고 편안하게 지내고 싶을 때가 있다. 뜻대로 안 될 때가 많다. 잘 모르기 때문에 화를 내고 억지를 부리기도 한다. 그때에도 자기가 해야 할 일을 잘하는 사람을 만나면 그냥 좋다.

나에게 도움이 되고 힘이 된다면 뭐든지 도와주고 싶고 가깝게 지내고 싶어진다. 나를 찾는 고객들에게 작은 도움이라도 주는 사람이고 싶다. 내가 아쉬워 구해 본 사람이 아쉬워 찾아오는 사람의 욕구를 더욱 빠르게 공감하고 도움을 줄 수 있다. 빠르게 사람들의 아쉬움을 해결하는 사람이 더 즐겁고 성공적인 삶을 산다는 것은 자명한 일이다.

배우고 가르치고 실행하면서 내공을 쌓아 가노라면 내공의 질량이 쌓이고 쌓여 빛을 발하는 순간이 온다. 태양처럼 항상 빛나는 별이 우리의 본 양심이다.

그럼에도 불구하고 인간의 육신에 갇힌 우리는 불안과 두려움에 떨고 있다. 너무 오만과 자만에 빠지지 않도록 스스로 자신의 본질을 알 수 없게 감추어 놓은 것이다.

탁한 기운이 정화되면 스스로 드러나는 자신의 본질을 알 수 있게 만들어 놓은 것은 아닐까?

오늘도 힘든 하루를 보냈지만 내일은 더 건강하고 밝고 활기차게 맞이하고 싶다.

25. 새로운 영역을 배운다는 것은 최고의 투자이다

 새롭다는 것은 없는 것을 있게 하는 능력이 아니라, 원래 있던 것을 다른 시각으로 보고 느끼는 것이다.
 익숙한 것 속에서 새로움을 발견할 때 환희를 느낄 수 있다.
 부족함을 알아야 메꿀 수 있는 지혜가 생긴다.
 구하는 갈급함 없이는 원하는 것을 성취할 수 없다.
 하나를 알아야 그다음을 알 수가 있다. 그다음을 알면 또 무엇이 부족한지를 안다.
 촘촘히 부족함을 메꾸어 가다 보면 흥미를 느끼게 되고 우리가 해야 할 일들을 만나게 된다.
 완전한 건강과 최상의 행복을 위해서 나는 무엇을 해야 하나?
 나를 찾아오는 사람들의 건강과 행복을 위해서 나는 무엇을 할 수 있나?
 시대가 요구하는 인재가 된다는 것은 새로운 물결의 한가운데로 끌려가는 것이 아니라, 새로운 물결을 만들어 가는 리더가 되어야 한다.
 배움의 가치를 알아야 빠르게 선택하고 추진력을 갖게 된다. 세상의 변화를 빠르게 흡수하고 통찰해서 내가 해야 할 일을 발견하는 것은 지금 여기에서 내게 오는 인연을 잘 대하기만 하면 된다.

어떤 진정성으로 상대를 대하느냐에 따라 모든 일이 저절로 이루어진다. 노력이 없이 질량 있는 깨우침은 올 수 없다. 혼신을 다해서 새로운 공간을 찾아 새로움을 발견하고자 하는 노력을 멈추지 말아야 한다.

그러니 나는 죽는 순간까지 새로움을 구하는 예술가가 되고 싶다.

26. 성공으로 가는 삶

　우리는 누구나 저마다의 소질을 가지고 태어났다. 소질을 개발하고 실력을 쌓아 가노라면 성공하는 삶을 살 수 있다. 인기를 얻고 부러움의 대상이 될 수 있다. 타고난 소질을 개발하여 성공의 반열에 올랐으면 이제는 정신량을 채워 인생을 살아야 한다.
　인성을 갖추어 존경받는 삶을 살아야 한다. 자연의 이치에 맞게 살아가고 너와 내가 하나 되어 가기 위해 노력해야 한다. 아쉬워 찾아오는 사람을 위해서 최선을 다해야 한다.
　나의 소질을 잘 개발하는 일도 어려운 일이다. 상대를 바르게 대하는 것은 더더욱 어려운 일이다. 부족한 정신량을 채워야 나의 모순을 알게 되고 상대의 모순도 알게 된다. 나를 알아야 상대의 모습을 알게 된다.
　진정한 성공이란 꿈 넘어 꿈이 있어야 하고 꿈을 성취했을 때 나의 내면에서 우러나오는 정신의 성숙이다.
　우리는 끊임없이 자신을 살펴서 부족함을 채워 가야 하고 우리가 살아야 하는 정신의 가치를 재발견해야 한다. 그것이 철학이고 예술이다.
　사랑의 실천은 너를 아끼고 사랑하는 마음이고 그 사랑의 완성을 통해서 우리는 인생의 기쁨을 알게 된다. 매일매일 자신을 살피고 주위를 살펴서 너를 위해 무엇을 해야 하는지를 알아야 한다.

부족한 공부를 채워 가는 기쁨이 성공의 첩경이다.

II. 인연

너와 하나 되는 삶

인생의 비밀을 밝히다
Code reveals the secret of life

1. 상호 존중과 상생의 삶

　서로 경쟁하는 사람끼리는 성장하지 못한다. 그것은 제로섬 게임이 되고 만다. 너와 하나 되는 삶, 너의 기쁨이 나의 기쁨이 되는 상생의 삶을 살아야 한다.
　나의 강점을 살릴 때 새로운 시장이 형성되고 너의 성장이 나의 배경이 되어야 한다. 좋은 인간관계는 서로 경쟁하는 사이가 아니라, 서로를 이끌어 주는 친근한 벗이 되어야 한다. 너를 위한 삶을 실천할 때 상생은 저절로 이루어진다.

2. 인생은 끊임없는 정화의 과정이다

 나에게 주어진 환경 속에서, 내가 해야 하는 일을 통해서 내 앞에 오는 인연을 통해서 나를 알아 가고 상대를 알아 가고 세상을 알아 가야 한다. 상대를 존중하고 상대를 위해서 살아가노라면, 진정으로 소통할 수 있다. 상생의 삶을 통해서 내가 원하는 모든 것을 성취하고 자유를 경험하게 된다.

 내가 먼저 주지 않고 얻을 수 있는 것은 없다. 나에게서 나온 것이 돌고 돌아 나에게로 돌아오는 과정이 인생이다. 그러하기 때문에 나의 정체성을 어떻게 확립하느냐가 가장 중요하다.

 내가 나에 대해서 갖는 소중함 이상을 상대에게 줄 수 없다.

 내가 나에 대해서 갖는 자신감 이상의 삶을 살 수 없다.

 나의 자유 의지가 세상을 맑히는 만큼 나의 성장도 깊어 간다. 내가 세상을 이해하는 깊이만큼 나는 세상과 하나가 되고 너와 함께할 수 있는 공간이 생기게 된다. 그 공간 속에서 주고받는 에너지가 정화의 과정이다.

3. 생각의 힘

문제를 만났을 때, 그것을 푸는 것은 생각의 힘이다. 대의명분을 잃어버리면 실패하고 만다. 현실의 문제를 풀어 가는 것은 생각의 깊이 만큼 바른길이 있다. 바른길을 찾으면 시원하고 가볍다. 엉뚱한 길을 만나면 답답하고 갑갑해진다.

우리 앞에 펼쳐지는 다양한 문제들은 예고 없이 오지 않는다. 작은 변화에도 민감하게 생각하고 변화의 큰 물결을 통찰하고 읽어야 한다.

양적 완화 정책을 오랫동안 해왔기 때문에 돈의 가치가 상대적으로 떨어질 수밖에 없다. 물가가 오르는 것이 아니라, 돈의 가치가 떨어진 것이다. 물가를 잡기 위해 고금리 정책을 시작됐다. 고금리 이상의 수입을 내지 못하면 부도를 맞이할 수밖에 없는 환경을 이겨 나가야 한다.

선택과 집중을 통해서 우리가 추구하는 목적과 방향성을 명확히 해야 이겨 나갈 수 있는 엄청난 과도기를 맞이하고 있다.

가격이 적절해야 하고 콘텐츠가 뛰어나야 하고 인적 네트워크가 튼튼해야 한다. 디자인도 젊은 감각을 추구해야 하고 그 속에 철학이 담겨 있어야 한다. 무엇보다 많은 사람에게 감동과 창의적인 생각을 불러일으키면서도 이로움을 주고자 노력해야 하고 정성을 다해야 한다.

이름과 가치 철학이 맞닿아 있어야 하고 새로운 문화를 만들어 내는 생각의 힘이 그 속에 흐르고 있어야 한다.

우리가 추구하는 문화의 본질은 드러나기 마련이고 시장은 그것을 정확하게 소비를 통해서 증명한다.

우리가 만들어 내는 생각의 힘 이상을 성취할 수는 없다. 꾸준히 생각을 키워 가고 너를 위한 삶을 살고자 할 때 지혜의 힘도 함께 성장해 나갈 것이다.

4. 인연맞이 공부

내 앞에 오는 인연은 나 하기 나름이다. 모든 사람은 존귀하고 이 세상에 태어난 이유와 목적이 있다. 사람은 저마다 최선을 다해서 살아간다. 내가 원하지 않고 필요치 않은데 행하는 사람은 없다. 그것이 필요하고 옳다고 믿기 때문에 그렇게 살아간다.

세상이 내게 주는 끊임없는 미션은 감당할 시간과 무게만큼만 주어진다. 주어진 시간 속에서 해결하고 성장해야 했는데 허송세월을 보낸 만큼 한꺼번에 몰려오기도 한다. 하지만 시간을 주지 않고 갑자기 다가오는 미션은 없다.

자연은 충분한 시간과 우리가 품을 수 있는 그릇 만큼 인연을 보내 준다. 내가 인연을 맞이할 준비가 부족해서 바르게 대하지 못한다면 서로가 서로에게 줄 수 있는 에너지를 얻지 못해 힘들고 답답해진다.

내 앞에 오는 인연을 위해 나의 에너지를 먼저 나누어 줄 때 우리는 상생으로 더욱더 좋은 기회를 맞이하게 된다.

5. 듣기

상대의 말을 잘 듣기 위해 어떤 태도가 좋을까?

내 생각적 차원을 내려놓고 공의 차원에서 그가 하는 표현과 느낌을 그대로 흡수하고자 해야 한다. 잘 들었으면 나의 반응은 깨끗하게 나온다. 인간관계는 서로를 알아 가고 에너지를 주고받는 관계다.

물질적 차원의 돈을 주고받는 것도 중요하다. 서로의 영혼을 살리는 정신적 차원의 교류도 중요하다.

무엇을 주고 무엇을 받을 것인가? 일방적으로 주는 관계는 오래가지 못한다. 일방적으로 받는 관계도 오래가지 못한다. 경계면에서 주고받는 접촉은 모든 것이 대화이다. 대화의 꽃을 피워야 인생도 피어나는 작품이 된다.

내 앞에서 누군가가 말을 한다는 것은 내가 그를 위해 의미 있는 존재가 되는 것이다. 내가 누군가를 찾아가 말을 하는 것은 그를 위해 에너지를 주고받고자 하는 열정이다. 만남을 통해서 나의 욕구와 너의 욕구를 주고받을 때 우리는 자유로워지고 평화가 찾아온다.

6. 삶의 무게

인생은 인간관계를 어떻게 하느냐에 따라서 어려움도 생기고 즐거움도 생긴다. 서로를 침범하지 않으면서 적당한 경계면에서 주고받는 에너지가 서로에게 도움이 된다면 참 좋은 일이다.

상대에게 힘이 되고 득이 된다면 나에게도 좋은 일이다. 나에게도 힘이 되고 득이 된다면 상대에게도 좋은 일이다. 좋은 의도로 대했는데도 그걸 이용해서 자기의 이익만을 취하려 든다면 관계는 오래가지 못한다. 진정으로 상대의 성장을 위해서 내가 할 수 있는 노력을 한다면 좋은 관계를 오래도록 가져갈 수 있다. 상생과 융합으로 우리는 성장해 가야 한다.

내가 꿈꾸는 삶과 상대가 꿈꾸는 가치관이 잘 조화를 이룬다면 금상첨화라 할 수 있다. 나의 노력이 상대를 힘들게 하는 것이 아니라, 서로에게 새로운 희망이 되기를 희망하면서 소통이 잘 되는 삶이길 바라본다.

나를 알고 상대를 알고 세상을 알아야 가볍고 상쾌하게 살아갈 수 있다. 통찰하는 삶을 통해 나날이 성숙해 가기를 바랄 뿐이다.

7. 인생무상이 아니라 인생 자체를 흡수하고 깨어 있는 지성으로 맞이하자

소소한 기쁨과 큰 성공과 성장은 누구나 바라는 바다. 큰 성공은 철저한 준비가 필요하다. 나를 위한 삶을 꿈꾼다면 큰 성취를 이루기 어렵다. 많은 사람의 이로움과 성취를 위해서 노력한다면 큰 성취도 이룰 수 있다.

큰 강을 건너기 위해서는 큰 어려움도 함께한다는 사실을 알아야 한다. 나의 안위를 위해 타협을 한다면 끝없는 시험에 시달리고, 대의를 위해서 나아간다면 어떤 어려움도 헤쳐 나갈 수 있다. 인생을 배운다는 생각으로 새로운 물결을 맞이한다면 해결할 수 있는 인연들이 이미 내 곁에 와 있음을 알게 될 것이다.

인연맞이를 잘 해야 하는 이유는 모두가 언제 어떻게 연결되어 우리에게 상생으로 가는 밑거름이 되고 디딤돌이 될 인연들이기 때문이다. 사람들과의 사귐을 신중히 하여 지혜로운 이들이 주변에 모여들도록 노력해야 한다.

큰 사업을 위한 물질적 기반을 마련하는 것이 엄청 중요하다. 경제적 기반 없이 이룰 수 있는 것은 없다. 경제가 있어야 경제를 지키기 위한 인재들이 모여들기 때문이다.

남다른 꿈과 계획이 있어야 남다른 성공을 쟁취한다.

현실을 있는 그대로 통찰하고 삶의 현장에서 나의 역할을 다할 때 성장은 자연스러운 흐름이 된다.

8. 성장하는 길

모든 것은 노력과 사유의 결과물이다. 운이 좋아 이루어지는 것은 없다. 우리가 갈고 닦아 성장한 만큼 차원 세계에 갈 수 있다.

우리가 맞이하는 인연도 정확하게 내 수준의 환경 속에 태어나고 그 환경의 바탕 위에서 나의 삶을 개척해 가는 것이 인생이다.

좋고 나쁜 환경은 없다. 내가 성장하기에 가장 적합한 환경을 주는 것이 대자연의 법이다. 우연히 재앙이 생기고 어려움이 오지 않는다. 바른 노력으로 인생을 살아간다면 성장은 자연스러운 흐름이 된다.

내 앞에 오는 인연은 자연이 주는 최고의 선물이다. 내 옆에 인연이 없다면 우리는 최고의 재앙을 맞이하게 된다. 지금 여기에서 내 앞에 오는 인연을 위해서 최선의 삶을 살아야 한다. 나를 위한 대자연의 사랑을 받았다면 이제는 너를 위해 살아야 한다. 너를 위해서 오늘을 살 때 우리는 하나가 되고 상생의 삶을 경험하게 된다. 만남은 축복이 되고 무엇이든 할 수 있는 지혜가 생긴다.

나의 모순을 알아야 상대를 알 수 있고 사회를 이해하게 된다. 알아야 대처할 수 있는 여유가 생긴다.

세상의 변화를 알아야 오늘 내가 대처할 수 있는 지혜

가 생긴다. 상대의 말을 깨끗하게 흡수하고 통찰해야 상대의 본질을 알게 되고 내가 해야 할 말과 행동이 나오게 된다.

 오늘 우리에게 주어지는 일과 삶의 미션을 재미있고 감사하게 받아들인다면, 자연이 우리에게 주는 성장의 선물은 즐거움과 기쁨이 될 것이다.

9. 문화의 시대

　미래의 시대는 새로운 문화의 시대를 맞이하고 있다. 과거와는 달리 사람들의 취향에 따라 모든 문화가 빠르게 변화고 있다. 인공 지능 시대, 4차 산업 혁명이라고 하는 것은 로봇의 시대가 아니라, 진정한 인본주의 시대의 도래이다.
　이러한 시대에 우린 어떻게 인연을 맞이하고 소통할 것인가? 무엇을 나누고 누리며 살 것인가? 우리가 하는 일이 사람들에게 어떤 이로움을 줄 것인가? 우리가 행하는 깊이 만큼 존중받고 재미와 즐거움이 있을 것이다.
　의식주가 어느 정도 해결되고 나면 더 유의미한 문화 생활을 즐기려 할 것이다. 인간이 만들어 내고 향유하는 모든 것이 문화 활동이다. 좀 더 의미 있고 우리 영혼을 정화시킬 수 있는 모든 것이 문화이다. 그중에서도 너와 내가 서로를 이해하고 하나 되어 가기 위한 노력, 원래 하나의 생명 자리로 되돌아가고자 하는 그 노력이 최고의 문화 활동이 아닐까 생각해 본다. 그래서 대한민국 곳곳에 카페가 생기고 여행지를 만들기 위한 노력들을 하는 게 아니겠는가!
　과거를 아는 데서 그치는 것이 아니라, 오늘 우리들의 삶을 더욱 가치 있게 살아가기 위한 새로운 연구와 해석이 필요하지 않을까 하는 생각을 가져본다.

볼거리가 있고 이야기가 있고 작품성이 있어야 사람들이 움직인다. 음식에도 패션에도 모든 일에 예술성이 살아 있어야 사람들이 움직인다. 단지 늘 하던 패턴으로는 쉽게 질려 버린다. 새로운 도전과 새로운 방식의 문화를 찾아 끊임없이 에너지는 움직인다. 미친 존재감, 미친 열정으로 새로움과 아름다움을 찾아 우리는 방황한다.

디자인과 색감 그리고 무엇인가 마음으로 파고드는 상징성, 그 모든 것이 우리의 의식과 무의식을 일깨우는 것이어야 한다.

젠틀 몬스터, 스타벅스, 테라로사, 블루 보틀, 앤트러사이트 등등, 모두가 예술적 안목으로 그들만의 문화를 만들어 온 까닭에 성공할 수 있었다.

예술을 한다는 생각으로 고객의 피부를 관리하고 미용성형을 하면서 더 디테일이 살아남을 느끼게 된다. 음식점을 하더라도 옷가게를 하더라도 건축을 하더라도, 무슨 일을 하더라도 인문학적인 인성으로 고객을 대하고 나의 에너지를 주고자 한다면 명품의 인생을 살게 되지 않을까 믿어본다.

10. 선순환의 원리

먼저 주고 뒤에 받는 삶의 원리를 이해해야 한다. 진정으로 상대가 원하는 것을 먼저 줄 수 있는 실력을 먼저 갖추어야 한다.

말 한마디, 눈빛 하나, 몸짓 하나가 상대를 살리고 이로움을 준다면 상대는 나를 위해 무엇이든 주고 싶은 마음이 든다.

상대에게 진정으로 도움이 되었다면 그 상대에게서 직접 되돌아오지 않는다 해도 자연은 돌고 돌아 나에게 더 큰 이득을 주고자 하며, 그것이 대자연의 사랑이다.

받기 위해 주는 것이 아니라, 너와 내가 만나 소통이 되면 서로의 부족함을 채우게 되고 상생으로 성장하게 된다. 그래서 인연을 맞이하는 인간관계가 너무도 중요하다.

많이 상처받기도 하고 주기도 하며 살았지만 또다시 우리는 만남을 통해서 힐링하고 성장해 가야 한다. 매일 매일 맞이하는 하루하루가 설레는 까닭이다.

11. 인간관계 제1원칙

비비불하지 마라. 타인에 대하여, 세상에 대하여 비난과 비판, 불평을 하지 말라는 것이다. 참으로 알면서도 지키기 어려운 법이다.

너무 쉽게 상대를 비난하고 욕하고 미워하는 건 스스로를 힘들게 하는 삶이다. 미래의 인생은 상대를 존중하고 배려하며, 사랑하며 살기 위해 노력해야 한다.

내가 만든 규칙과 상식으로 상대를 보니까 상대를 평가하게 되고 내 기준으로 끌고 가려는 폭력성이 생긴다. 상대방의 입장에서는 자신의 편의대로 살고자 하는 욕구가 있을 수 있다.

내가 상대를, 세상을 살피는 깊이가 얕기 때문에 이해하기 힘들 뿐이다.

상대를 이해하는 깊이 만큼 우리는 서로를 알게 되고 하나가 되어 가는 상쾌함과 즐거움을 경험하게 된다. 내 앞에 인연으로 오는 사람과 소통하고 하나 되기 위해서 노력한다면 우리는 서로에게 주체적 삶을 살아가게 하는 지혜가 샘솟게 되리라.

내가 부족한 만큼 상대를 탓하는 법이다. 나의 부족함을 알려 주기 위해 자연은 우리에게 적당한 인연을 보내 주는 것이다. 자연이 주는 선물을 배움의 기회로 여기지 않고 비비불로 에너지를 낭비하고 있다면 결국 힘들어지고 아픈 것은 나의 몫이다.

인간관계의 달인이 될 때까지 비비불하는 자신을 살펴 즐겁게 사는 인생이 되도록 노력하고 싶다.

12. 오늘 우리 앞에 다가오는 미션을 어떻게 해결하고 처리하느냐에 따라 인생은 다이나믹하게 변한다

환경은 예고 없이 오지 않는다. 충분한 기회를 주고 바로잡을 수 있는 사인을 주어도 여전히 제자리에 머물러 있다면 자연스럽게 다가오는 자연의 회초리는 무섭게 다가오고야 만다.

오늘 내 앞에서 일어나는 일은 우연히 다가오는 것이 아니다. 때가 무르익어 다가오는 일들이다. 겨울을 지나고 봄여름을 지나서 가을이 오듯이 그렇게 다가오는 일이다.

내 눈앞에 현전하는 그를 통해서 나의 모습을 알 수 있다. 내가 진정으로 그를 위한 선택을 했을 때, 그도 바르게 되고 나도 바르게 살 수 있는 상생의 길이 있다. 그것이 무엇인지 고민하고 연구하고 생각하는 삶을 살아야 한다.

13. 바르게 살아야 한다

착하게 살아야 한다고 은근히 잘못 교육을 받고 자란 것 같다. 나의 착함으로 상대는 비굴해지고 나는 나약해졌다. 바르게 대하고 바르게 산다는 게 참으로 어렵다. 거침없이 살아라.

어려움이 없는 인생이 어디 있을까. 하지만 이는 우리의 성장을 위한 대자연의 배려이다. 우리가 원하는 삶을 살지 않고 이 땅에 온 삶의 목적을 잃어버리고 살아가는 우리를 일깨우기 위한 대자연의 경고이다.

자극과 반응 사이에 우리의 질량이 드러난다. 내가 가진 환경 속에서 내가 원하는 삶을 찾아 방황하고 내가 지금 여기를 살아가는 진정한 이유와 가치를 통찰한다면 나는 두려움 없이, 거침없이 살아갈 수 있다. 그때 생명력은 배가 되고 기운은 돌고, 재미있고 신나게 하루를 맞이할 수 있다. 음식 하나에도 감사하고 내 곁에 있는 사람들의 소중함도 커진다.

마음껏 운동하고, 원하는 만큼 잠자고, 원하는 만큼 일하고, 하고 싶은 공부를 원 없이 할 수 있고, 즐길 수 있는 취미를 무엇이든 할 수 있는 게 요즘 세상이다.

분단의 아픔과 동서의 갈등, 좌우 이념의 갈등이 상존하는 가운데서도 가장 안전하고 살기 좋은 나라가 대한민국이다. 갈등 속에 사회는 엄청난 성장을 하고 있다. 우리 개인의 삶도 많은 갈등과 반목이 있는 가운데 성장해 가야 한다.

너를 위하는 삶을 살 때, 나를 위한 삶을 거침없이 살아갈 수 있다.

14. 나를 성장시키는 갖춤이란?

　생각과 말을 어떻게 하느냐에 따라서 우주의 기운은 변하기 마련이다. 긍정적인 생각과 격려의 말 한마디에 세상을 정화하는 힘이 있다. 우리 영혼은 신비부사의 하고 무한 성장 가능성을 가지고 있다. 주어진 환경이 척박해도 연꽃을 피우기도 하고, 좋은 환경을 더욱 빛나게도 한다.

　감사와 사랑의 기운으로 내 주위를 돌아보고, 따뜻한 한마디 말을 해준다면 내 기운은 즉시 채워질 것이고 상황도 즉시 좋아진다. 항상 즐겁고 상쾌하게 살아가고, 있는 그대로 상대를 받아주고 내 모자람을 채우는 기회로 받아들인다면 영혼의 정화와 성장은 계속 커갈 것이다.

　내 생각으로 상대를 끌고 가려고 하거나 주어진 환경을 탓하고 상대를 탓한다면 성장은 요원할 것이다. 오직 나를 갖춤으로써 상대를 이해시키고 소통할 때 우리는 상생할 수 있는 것이다.

　비가 오면 비가 와서 고맙고, 태풍이 불면 태풍이 와서 고맙다. 우주의 기운을 믿고 받아들이며 내 생각과 말로 잘 운용하는 멋진 삶을 꿈꾸어 본다. 나의 정화가 우주를 정화하는 멋진 순간순간이기를…….

15. 이념이 있어야 인연이 온다

　이념의 질량만큼 우리는 성장을 하고, 그 수준에 맞는 인연이 우리에게 온다. 원하는 꿈을 성취했을 때 세상에 하고자 하는 일을 분명히 밝히는 것이 이념이다. 내가 진짜 원하는 삶이 무엇인지 아는 것이 지천명이고 그때 우리는 태어난 보람을 찾는 것이다.

　우리가 하고 싶은 일을 하는 즐거움은 이미 대자연과 소통하는 에너지를 활용할 줄 알기 때문에 어떤 어려움도 헤쳐 나갈 수 있게 해준다. 미래에 대한 확신을 가지고 자기가 하는 일에 미친 듯한 믿음과 열정을 쏟는다면, 성공하는 것은 오직 시간문제일 뿐이다.

　일신우일신하는 마음으로 하루하루 차근차근 새로운 변화를 꾀하면서 세운 뜻을 향해 나아갈 때 자신이 꿈꾼 바 모든 일이 순차적으로 이루어지리라 믿는다. 부디 자신의 인생 목표를 꼭 세우시고 긍정적인 마음으로 자신의 삶을 책임지는 분이 되시길 기원한다. 마음을 맑히고 정화하는 삶 속에서 상쾌하게 살아가는 나날들 되시길…….

16. 실존적 만남 - Living of against

환경에 대항하여 현실을 살아 내야 한다. 이는 마냥 웃거나 편안하게 하는 것이 아니다. 직면해서 상대를 이해하고 나를 만나서 나를 표현하는 살아 있는 만남이다.

나는 생각하는 내가 아니다. 상대를 만나서 일어나는 느낌이 나다. 그 나를 표현하고 나눔으로써 실존과 실존이 만나게 되고 우리는 만족과 고요를 느끼게 된다.

내 안에 꿈틀거리는 욕구를 만나게 되고 그 욕구로부터 일어나는 느낌을 표현하고 나눔으로써 그 욕구를 충족하게 되고, 내가 원하는 성장을 한다. 그 욕구와 느낌을 알아차림으로써 저절로 변화를 가져오게 한다.

왜곡된 나를 만나야 한다. 움츠리고 갇혀 있는 나를 만나야 그런 나를 지지하고 사랑하게 된다. 갇혀서 소통할 수 없는 내가 얼마나 내 삶을 가로막고 있었는지 모른다. 인정받기 위해 발버둥 쳐도 아무도 나를 알 수 없어 떠나게 된다. 나는 왜 떠나는지도 모르고 떠나는 상대를 비난하며 살았다. 내가 누군지, 내 느낌은 어떤지, 어떻게 해 주면 좋은지, 내 마음을 표현할 줄 몰랐고 상대의 말을 공감하며 듣지 못했다. 상대의 말이 들리고 상대의 마음이 느껴지고 나의 느낌을 표현하며 산다는 것은 큰 즐거움이고 실존적 만남이다.

생각 속에서 성취를 하고 그 성취를 나누어 줄 수 있지만 그것은 인정받고, 사랑받고 싶은 꽁꽁 묶여 있는 나의 유일한 피난처에 불과했고, 가상의 삶이고 모래성 같은 삶이다. 그것은 실존적 내가 아니기 때문이다. 살아서 현전하는 바로 그 느낌이 나이기 때문이다.

현실을 살아가며 많은 난관에 부딪히기도 하지만 그 난관을 직면해서 살아 내는 게 용기이다. 두렵고 불안하고 감추고 싶어 하는 나를 알아차리고, 드러내고 열어 놓음으로써 나는 지금 여기, 현실을 살아내는 실존을 만나게 되고, 그 만남 속에 진정한 힐링과 자유, 성장과 만족, 고요함과 기쁨이 넘치게 된다.

17. 접촉의 경계면에 대하여

경계를 넘어서 접촉하는 것은 상대를 통제하고자 하는 미숙한 나다. 너와 나의 경계가 무너지는 것은 하나가 되는 것이 아니라, 뒤죽박죽의 삶이다.

때로는 너에게는 상처를 주고 나에게는 잘난 척하는 폭군이 된다. 내가 나를 보호하지 못하고 상대를 내가 원하는 쪽으로 끌어오고자 하는 미숙한 욕망이다.

우리는 상대를 만나기 위해서 경계면까지만 가야 한다. 그 경계에서 우리는 하나의 접촉을 하고 대화를 통해서 서로를 만나게 된다. 그 만남은 만족과 함께 상쾌함을 준다. 나의 욕구를 드러내고 그 욕구가 해소됨으로써 긴장이 사라지고 자유를 경험하게 된다. 경계면에서 접촉할 때에야 우리는 성장하고 성숙한 관계를 이어 갈 수 있다. 나를 드러내지 않으면 우리는 경계면에 다다르지 못하고 공허하고 나 없이 살아가는 무의미한 삶이 되고 만다. 나의 느낌이 올라올 때마다 그 느낌을 표현하고 나눔으로써 나는 나의 존재를 확인받는다. 나의 존재를 확인함으로써 우리는 하나의 장에 참여하게 되고 그 장에 포함된 나를 통해서 유기체의 생명력을 느끼게 된다. 그것은 안도감을 주고 나의 존재를 더욱 튼튼하게 만든다.

경계를 넘지 않고 만난다는 것은 내가 스스로 판단하

지 않는다는 것이다. 나를 표현하고 나누는 것이야말로 상대를 존중하는 태도이다. 평등한 존재로서 존중과 관심을 가지고 나의 느낌을 나누는 것이다.

과도한 관심과 과도한 친절을 조심해야 한다. 과도한 관심과 친절은 경계를 넘어서 나를 침범하고자 하는 무의식적 발로이기 때문이다. 상대가 과도한 관심과 친절을 베풀 때, 우리는 그를 다가오지 못하게 하고 나를 지켜야 한다.

경계에서 접촉을 통해서 서로의 욕구를 표현하고 나누는 성숙한 대화를 통해서 우리는 성숙한 자아를 만들어 가야 한다. 적절한 경계를 지킬 때 우리는 성숙한 관계를 지속하고 나의 삶을 산다.

변화의 역설적 이론처럼 변화를 강요하면 저항하기 마련이다. 있는 그대로의 자기를 인정하고 존중해 주면 성장과 변화가 이루어지듯이, 경계를 넘지 않고 그 경계면에서 나의 느낌을 솔직하게 표현함으로써 상대의 반응을 기다려 주는 인내심이 필요하다.

18. 공감의 힘

공감할 수 있는 능력은 내가 자신의 솔직한 내면에 머물 수 있도록 도와준다. 표현되고 있는 느낌과 욕구도 들을 수 있게 해준다.

자신의 말을 공감으로 들어주는 사람과 충분한 접촉을 가지면 폭력성을 예방하고 자꾸 무기력해지는 심리적 고통을 극복할 수 있다. 누군가가 내 말을 진정으로 들어주면 암담해 보이던 일도 해결할 방법을 찾을 수 있게 된다. 공감을 통해서 상처는 치유되고 새로운 활력을 찾게 된다.

고객의 불평은 대부분 이유가 있다. 그 이유를 인정하는 순간 고객은 안도하고 자신의 의도를 정확히 말하게 된다.

우리는 가장 가까운 사람들과 공감하는 것이 가장 어렵다. 미리 짐작으로 상대의 의도를 파악하려 들지 않기 때문이다. 말하는 사람의 느낌과 욕구, 부탁에 대해 의식 없이 말할 때 생기 없고 서로 연결이 되지 못한다. 듣는 사람도 말하는 사람에게도 똑같다.

끼어들 때는 상대방의 말 속에 있는 느낌과 욕구에 초점을 맞추어 공감하고, 말하는 사람의 삶의 에너지와 연결하도록 돕기 위한 의도가 있어야 한다.

공감하기 위해서 가장 중요한 것은 상대방의 마음속에

실제로 일어나는, 경험하고 있는 느낌과 욕구에 함께 있어 줄 수 있는 능력이다. 나의 온 영혼이 그와 함께 숨쉬고 주의를 기울이는 노력이다. 나의 마음을 비우고 전 존재로 듣는 것이다.

19. 즐겁고 기쁘고 행복한 삶

성장의 끝에는 어떤 열매가 있을까? 지금껏 우리는 좋다가 말다가 하며 고난의 삶을 살아왔다. 경제적 여유가 있으면 좋았다가 부족하면 애태우는 삶 속에서도 성장을 위한 몸부림으로 살아왔다.

고진감래라는 말이 있다. 고통이 다하면 즐거움이 온다는 뜻이다. 나를 위한 삶은 좋다가 말다가 한다. 그러나 상대를 위한 삶, 남을 위해서 득 되게 살았을 때, 상대가 좋아하는 모습 속에서 우리는 즐거움을 느끼게 된다.

상대가 좋아져서 나를 존중할 때 나는 기쁨을 얻게 된다. 상대의 존중을 받고 사회를 위해 더욱 노력할 때 상대는 내게 존경심을 갖게 되고 우리는 행복한 삶을 누리게 된다.

이웃을 위한 노력과 사회를 위해서 무엇을 할 것인지를 연구해서 내가 해야 할 일을 할 때, 우리는 즐겁고 기쁘고 행복한 삶을 살다가 죽어서도 차원 세계에서 변함없이 빛나는 삶을 이어 간다.

지금부터라도 나의 역할을 찾아 연구하고 노력하는 삶을 살아 갇힌 세계를 벗어나 깨달음과 해탈의 세계를 열어 가야 한다.

20. 인연의 소중함

우리에게 다가오는 모든 환경이 나를 나 되게 하는 원천이고 근원이다.

우리의 능력은 환경을 이용하여 활용할 수 있는 운용의 묘를 찾아 쓸 수 있는 능력이다.

상대를 위해서 살지 않고서 상대의 도움을 이끌어 낼 수 없다. 주고받는 거래는 상대를 위해서 사는 것이 아니다. 주어진 인연을 잘 활용한다는 것은 상대를 인정할 때 상대도 나를 인정하게 되고 서로에게 좋은 양장력으로 좋은 에너지를 준다는 것이다.

받은 만큼 주고 싶어지는 것은 인지상정이다. 상대를 돕는다는 것은 상대를 성장하게 이끌어 주는 것이다. 영혼의 정화를 위해 자신을 성찰하게 하고 자신을 갖추게 할 수 있는 생활의 지혜를 공유하고 나누는 것이다. 그 속에 무궁무진한 창의성이 샘솟게 된다.

만남은 그래서 설렌다. 만남을 가지고 생각을 나누다 보면 생각하는 능력은 조금씩 커져 간다. 한 사람이 내게 온다는 것은 무한한 성장 가능성의 영혼이 빠르게 정화되고 성숙할 때가 되어 만나는 것이다.

새로운 인연들 속에 반짝반짝 빛나는 진주가 숨어 있다. 한 사람도 소홀히 대할 수 없다. 사기꾼을 불러오는 것도, 도움을 주는 귀인을 불러들이는 것도 내 노력의 질량이 차서 저절로 흘러오고 흘러가는 것이리라.

모든 인연은 다 나를 위해서 오는 대자연의 선물이다. 배움의 장으로 소중하게 생각하고 최선을 다하다 보면 인연의 소중함을 알게 되겠지······.

21. 사람이 재산이다

재주가 있고 사람도 있고 경제가 있다면 못할 게 없다.

사람의 에너지가 모여 하나의 하모니가 만들어지면 예술이 탄생한다.

이념과 명분이 분명하면 하늘이 돕는다.

일의 우선순위가 있고 갑과 을이 있어서 운영의 묘를 찾아서 질서를 갖게 되면 일은 일사천리로 이루어진다.

큰 그림을 그리고 준비에 준비를 거듭하다 보면, 물이 흘러흘러 바다에 이르듯이 일은 성취되고 거듭된 성취를 통해서 우리는 더욱 성장하게 된다.

성장의 끝에는 무엇이 있을까? 그 끝에는 즐거움과 기쁨, 행복이 넘쳐 날 것이다. 빛나는 삶을 살게 되고 상생을 경험하게 되고 자타일시 성불하는 고향으로의 여행을 떠나게 되겠지…….

사람의 완성 그 자체가 우리가 추구하는 최고의 가치이다. 사람의 완성은 영혼의 해방이다. 자유로움이고 평화이다. 원하는 것을 무엇이든 이룰 수 있는 힘이다. 서로가 서로에게 상생의 기운을 주고받으며 관계 속에 기쁨이 넘쳐 나야 한다.

22. 사람을 키우고 성장시키는
연구를 해야 한다

　상대를 존중한다는 것은 상대의 성장을 위해서 노력해야 한다는 것이다.

　해야 하는 일은 하더라도 무조건 하는 것이 아니라, 연구하는 자세로 배움의 기회로 일을 해야 신나게 할 수 있다.

　성장을 위해 노력할 때 상대도 정확하게 나를 존중하게 되고 상생의 삶을 살게 된다. 상대를 바르게 이끌어 주기 위한 노력을 항상 해야 한다. 그래야 인류를 위해서 살 때 대한민국에 희망이 있다. 나라를 위해서 살 때 사회가 건강해진다. 사회를 위해서 노력할 때 이웃이 성장하게 된다. 이웃이 성장을 할 때 우리에게 즐거움이 온다. 바른 진리의 법으로 살 때 즐겁고 기쁘고 환희로움을 느낀다. 그렇게 해야 살아가는 의미가 더욱 보람 있게 된다.

　생활 속에서 만나는 많은 생각과 느낌들을 바르게 가져가기 위한 연구를 해야 생활의 달인이 되어 서로를 알게 되고 환경에 대해 이해할 수 있고 바른 선택과 행동을 할 수 있게 된다.

　자연의 이치를 배우고 사람을 바르게 대하고 내가 해야 하는 일을 바르게 하기 위해 눈물겨운 노력을 해야 내 삶의 길이 보이게 된다.

국민을 위한 정치, 국민을 위한 사업, 국민을 위한 교육을 하기 위해서 바른 교육이 무엇인지, 사업이 무엇인지, 정치는 어떻게 해야 하는지, 우리는 깊이 연구해야 한다.

우린 그런 연구를 통해 인류를 위한 지도자로 성장했어야 하는데, 아직도 방향을 잡지 못하고 방황하고 있으니 안타까운 현실이다. 그러나 지금부터라도 바르게 노력하면 인성을 회복하고 영혼의 성장을 도도할 수 있다.

배운다는 것은 과거를 답습하는 것이 아니라 새로움을 추구하는 것이다. 이제 과거는 간단히 ㅋ만 두드리면 다 알 수 있다.

지금은 찬란한 미래를 향해서 오늘 내가 해야 할 공부를 해야 할 때이다. 바르게 사는 법을 알아야 한다. 자연에는 엄연한 자연의 법칙이 있다. 자연의 법대로 살 때 순풍에 돛단배처럼 큰 기운을 받으며 인생을 순항할 수 있다.

지금부터라도 나의 모순을 알아서 바르게 살기 위한 몸부림으로, 기도하는 마음으로 하루하루를 공부하며 살아야 한다.

23. 소통하고 나누어라

　느끼고 관찰하고 욕구를 알아차리고 표현하는 과정이 원활하게 이루어질 때, 우린 서로를 이해하게 되고 관계도 깊어진다.

　일생을 두고 풀지 못했던 숙제라 해도 나에게 일어나는 느낌은 소중하게 살리고, 그 느낌을 정화하기 위해 통찰과 뿌리 깊은 좌절과 절망을 깊게 마주해야 한다. 더 깊은 동굴 속으로 들어가 숨는다고 해서 좌절과 절망은 사라지지 않는다.

　나의 욕구를 정확하게 표현했을 때 나는 자유를 느낀다. 즉각적으로 표현할 수 있을 때 더욱 시원해진다.

　바른 관계란 서로가 서로를 이해하고 배려해 가면서 영혼의 성장을 위해서 허심탄회하게 소통하는 가운데 더욱 깊어진다.

　선한 의지는 오해를 불러오기도 하지만 정확하게 표현하고 이해시키려 노력해야 한다. 그게 삶이다.

　나의 기대와 주장을 강요하는 것이 아니라, 나의 요구를 표현하고 반응을 통해서 상대를 알아 가는 것이 우리의 공부이다. 상대의 반응은 상대의 것, 그것을 우리는 통제할 수 없다. 다만 나의 선택은 내가 새롭게 하여 나아가는 것이다.

아무것도 두려워하지 말자. 자연이 주는 조건은 내가 성장하고 배우기에 가장 적합한 환경이다.

나의 감정을 감추려고 애쓰지 마라. 표현했을 때 나는 나로 사는 것이고 나를 찾아가는 것이다. 내가 나로 존중받고 사랑받을 때 우린 즐거움을 맛본다.

상대의 기대에 맞추어 살아가려는 것은 나의 삶이 아니라 노예의 삶이다. 노예가 아닌 주인으로서 당당하게 나의 감정을 표현하고 나누어야 한다. 파멸로 이르는 길이라 하더라도 나에게서 나온 것은 표현해야 한다. 상대도 표현하지 않으면 알 수 없고 우리는 만날 수 없다.

24. 감성의 시대, 진정한 성공이란?

　성공이란 탁월한 정신 건강, 육체 건강, 가족과 친구 사이의 원만한 사랑의 관계, 영적인 깨우침, 자기실현, 물질적인 부 그리고 한결같이 평화를 유지하는 마음을 성취하는 것이다.

　진정한 나의 삶을 산다. 자신에게 좋은 기분을 갖는 기쁨, 인간관계에 대한 만족, 좋아하는 일을 하는 기쁨, 건강이 가져다 주는 상쾌함, 자신의 자리를 찾아낸 것에 대한 따뜻한 위안과 감사, 자신의 비전을 믿는 힘, 이것이 모든 성공의 핵심이다.

　우리는 이미 원하는 모든 것을 가질 수 있는 능력을 충분히 가지고 태어났다. 이미 하느님의 완전함을 본떠서 태어났다. 우리는 부유하고 건강하고 행복하게 살 권리와 재능과 능력을 다 가지고 태어났다.

　삶은 필요한 노력을 통해서 하나하나 완성해 가는 과정이다. 서로 도우며 갈 때 천국은 우리 삶 가까이 있다. 상생으로 갈 때 진정한 성공을 이룰 수 있다.

　인류를 위하고 나라와 사회를 위하고 내 옆에 있는 이웃을 위해서 할 수 있는 일을 하며 천천히 한 걸음, 한 걸음 걸으면 된다. 긍정적인 마음과 끈기 있는 열정으로 노력하면 된다.

25. 나를 알고 너를 알고 세상을 알아야 여유롭다

있는 그대로 관찰하는 힘은 엄청난 지혜이고 통찰이다. 내가 보고 싶은 대로 보려고 하는 습관 때문에 본질을 보지 못하고 아집과 교만에 빠져 버린다. 적당한 거리에서 지켜보는 힘, 기다리는 힘은 나를 살리고 너를 살리고 세상을 살리는 힘이다. 적당한 거리에서 주고받을 때 창의성은 샘솟고 자존감을 유지하면서 상대를 존중하게 된다.

세상을 통찰하는 힘은 자연의 힘을 믿고 바라보고 듣고 바르게 살고자 하는 노력이다. 공과를 인정하고 대인과 소통하는 능력을 쌓아 가는 것이다. 대인을 알아보고 함께하는 삶에는 좋은 기운이 늘 함께한다.

대중이 철인인 시대가 오고 있다. 이제 대한민국은 모두가 지식인이고 정치인이고 철학자이다.

26. 우리는 하나 되어 살아갈 때
모든 문제를 풀어 가는 지혜가 나온다

지금의 양극화 문제는 중산층이 중산층의 역할을 다하지 못한 채, 상류층이 지녀야 할 정신문화가 결핍되어 물질을 더욱 많이 가지려고 하는 욕심 때문이다. 상류층이 중산층을 잘 이끌어 함께한다면, 중산층은 그 밑의 하류층을 잘 이끌어 다 함께 중산층으로 승화되어 가는 삶을 이끌어야 한다. 상류층의 문화는 그들만의 것이 아니라, 우리 모두가 일군 에너지의 힘이다.

우리가 하나 되어 살아갈 때 모든 충돌은 사라지고 서로를 위한 노력을 하게 된다. 동은 서를 위해서 서는 동을 위해서 하나 되고, 남은 북을 위해서 북은 남을 위해서 서로 노력할 때 새로운 지혜가 생긴다. 사장은 직원을 위하고 직원은 사장을 위할 때 사업은 성장한다. 업장은 찾아오는 고객을 위해서 존재하고 고객은 그의 아쉬움을 업장을 통해서 해소할 때 사회는 정화되어 간다. 업장의 정화는 업을 하는 삶의 현장에서 찾아오는 인연을 위해서 그와 하나 되기 위해 노력할 때 일어나는 과정이다.

보이지 않는 이념과 보이는 작품은 하나의 에너지로 연결되어 있다. 보이지 않는 이념이 바르고, 삶이 바르고, 내가 해야 할 일을 찾아 노력하고 노력한다면 이루지 못할 것은 아무것도 없다.

나를 위한 선택이 너를 위한 선택이 되어 하나 되어 살아갈 때 삶은 아름답게 꽃피게 되고 밝고 빛나는 삶을 누리며 살아가는 진정한 자유와 평화가 넘쳐 나게 되리라.

우리는 크게 품어야 한다. 일본도 품고 중국도 품고 미국도 품고 러시아도 품어야 한다. 이제 이념의 대립도 품고 각자의 개성도 품고 하나 되기 위한 노력을 해야 한다.

III. 사업

부를 부르는 원칙

인생의 비밀을 밝히다

Code reveals the secret of life

1. 부자들의 특징

- 세상을 보는 안목이 탁월하다.
- 때를 기다릴 줄 안다.
- 매우 긍정적이다.
- 돈을 아끼고 사랑한다.
- 기회를 잡기 위해 다양한 공부를 게을리하지 않는다.
- 투자를 통해서 돈을 불리는 법을 안다.
- 불필요한 친구를 만들지 않는다.
- 인간관계의 중요성을 알기 때문에 다양한 인맥과 좋은 친구를 사귀기 위해서 항상 노력한다.
- 새로운 것을 공부하는 걸 좋아한다.
- 있는 것을 과시하지 않는다.
- 길게 내다보고 투자하는 것을 좋아하고 단기간에 수익을 올리기 위해서 모험하는 것을 좋아하지는 않지만 이해가 맞으면 마다하지 않는다.
- 물자가 귀할 때 물건을 내어놓고, 물건이 흔할 때 주옥을 다루듯이 취할 줄 안다.
- 부자는 불균형을 균형으로 만드는 생각을 하기 때문에 항상 여유가 있다.
- 졸자는 그런 생각을 보지도, 하지도, 느끼지도 못하고 만족할 줄 모른다.

- 대자연의 이치를 잘 아는 사람에게 재물이 가는 것은 하늘의 뜻이다.
- 일을 도모하는 것은 사람이고, 일을 성사시키는 것은 하늘의 뜻이다.
- 기본적으로 매우 검소하다.
- 불필요한 소비를 싫어하고 꼭 필요할 땐 거금을 쉽게 쓴다.
- 자신과 세상에 대한 믿음이 충만하다.
- 인연과 자신에게 준 환경에 감사할 줄 안다.
- 돈과 경제를 공부하고 부자 되는 길을 안다.
- 모르고 부자가 되는 법은 없다.
- 그릇이 안 되면 이내 흩어지고 마는 것이 하늘의 에너지이고 사람들의 피와 땀인 돈이다.
- 부자는 부자들끼리 서로 잘 지낸다. 서로에게 에너지를 주는 법을 알기 때문이다.
- 부자는 나를 알고 세상의 이치를 안다. 세상의 이치를 모르면 항상 쪼들리고 여유가 없고 가난한 사람이 되고 만다. 세상의 이치를 안다는 것은 자연의 이치, 물질의 이치, 그리고 인간의 이치를 안다는 것이다.
- 부자는 억지로 재산을 몰수해도 이내 다시 부자가 된다. 돈의 흐름을 알고 인간의 마음을 알고 자연의 이치를 알기 때문에 그렇게 된다.
- 억지로 부자를 만들어 주고자 해도 세상의 이치를 알지

못하면 불가능하다.
- 생각이 바르고 거침없이 노력한다.
- 길게 생각하고 신중하게 실행에 옮긴다
- 진지하고 현실을 있는 그대로 바라볼 줄 안다.
- 항상 감사하게 생각하고 느끼고 표현한다.
- 자신의 강점과 원하는 일을 끈질기게 해낸다.

2. 부는 어떻게 만들어지는가?

경제를 움직이는 것은 투자와 운용의 능력이다. 그럼 무엇을 어떻게 운영할 것인가? 사회 변화를 인지하는 안목과 아이디어가 있어야 한다. 가치를 만들어 내는 문화와 철학이 있어야 하며 무엇을 해야 경제를 움직일 수 있는지 알아야 한다. 그것은 세상의 이치를 알고자 하는 깊은 연구가 선행되어야 한다.

부동산의 값을 알아야 부동산 투자를 할 수 있다. 가상화폐와 디지털 화폐, NFT를 알아야 이에 투자를 할 수 있다. 모르고 하면 결국은 당하고 만다. 고질량의 세상 속에서 나의 질량만큼 수익을 가져갈 수 있는 세상이다.

내가 하는 일의 가치는 나의 전문가적 능력과 인지도를 필요로 한다. 계속해서 공부할 수 있는 시스템을 갖추어야 한다. 사업도 계속해서 공부하고 성장할 수 있는 교육의 시스템 속에서 성장한다.

남들이 하는 대로 따라 하는 것이 아니라, 다르게 해야한다. 다른 사람들이 하지 못하는 일 위주로 계발시켜 가야 한다. 그래서 그 지역에서 혹은 직장에서 없어서는 안 될 사람이 되어라.

사회 여러 곳에서 자신의 영향력을 넓혀 가야 한다. 자발적으로 지원해서 적극적으로 기획을 맡고 업무를 넓혀 가야 한다. 문제가 있으면 스스로 그것에 뛰어들어 그 분야의 전문가가 되어야 한다.

경제 시장에서 더 나은 능력이 있느냐가 아니라, 얼마나 다르냐가 중요하다.

우리의 수입은 우리가 얼마나 경제 시장에 기여하느냐 하는 것과 정확하게 일치한다. 시장의 법칙은 정확하게 움직인다. 현재의 수입은 어제 내린 결정의 결과이다. 오직 나 자신만이 나의 수입을 올릴 수 있는 역할과 책임이 있다.

마케팅이 필요한지, 자신의 능력이 브족한지, 열정과 의욕이 부족한지, 인지도를 어떻게 키워 갈 것인지, 나의 가치를 어떻게 키워 갈 것인지, 나의 창의성과 융통성, 사업의 아이템을 어떻게 찾아갈 것인지, 우리는 다양한 분야에서 자신의 역량을 키워가야 한다.

지금은 무엇이든 알려고 하면 알 수 있는 정보의 시대이다. 나의 것을 먼저 내어 주어야 성공하는 공유의 시대이다. 무엇이든 바르게 처리해야 성공하는, 유리알처럼 투명한 시대이다.

누구든지 부자가 될 수 있는 세상이지만 실행을 하지 않기 때문에 아무것도 이루지 못하고 세상을 탓하는 바보는 되지 말기를 바라며 꼭 실천하여 부와 성공을 이루는 인생이길 희망한다.

3. 몰입

    수술을 하거나 시술을 할 때 최상의 선택을 하고 최고의 작품을 만들기 위해 노력하는 시간이 나에게 가장 중요한 시간이다.

    시술을 할 때, 시술 하나하나에 혼을 담는다. 고객을 위한 선택이 되도록 연구하고 고민한다. 나도 모르게 습관적으로 일을 하는 일꾼이 되어 시술을 할 때도 있다. 나는 한 분, 한 분, 상황에 따라 그들의 욕구에 집중하면서 그 욕구를 해결해 주는 그런 의사이고 싶다. 다양한 방법으로 디테일을 살리는 안목과 실력을 쌓아 가고 싶다.

    학회를 가면 참 많은 것을 배우게 된다. 새로운 지식을 배우기도 하고 다양한 접근법들을 배우게 된다. 단 하나의 방법으로 모든 것을 해결할 수 없다. 고객의 소리에 귀 기울이고 한 명, 한 명과 소통해 가면서 아쉬움을 해결할 줄 아는 실력을 쌓아 가고 싶다. 배움은 끝이 없지만 하나의 작품을 완성한다는 예술가의 시선으로 고객을 맞이하고 싶다.

    미용 성형을 만나고 지금까지 해오면서 참 고맙고 즐거운 일들이 많았다. 많은 어려움도 있었고 실패도 있었지만 이는 오늘의 나를 위한 필연적인 일들이었다.

    일과를 마치면 다양한 일들이 많지만 이 또한 내일 최

고의 작품을 만들기 위한 정서적 힐링의 시간들이길 희망해 본다. 좋은 음식을 먹고, 운동을 하고, 좋은 인간관계를 맺고, 대화를 나누면서 기분 좋은 시간을 보낸다. 독서를 하거나 유튜브 강의를 듣고 공부하고 삶의 지혜를 열어야 한다. 숙면을 취하고 나면 공복에 물 한 잔을 마시고 수분도 보충하고 몸을 깨운다. 아침에 운동하고 단백질 셰이크로 식사를 대용하면 영양 보충도 되고 몸도 가볍다.

일과를 시작하기 전에 직원들과 조회를 하면서 서로의 생각을 나누는 시간을 가지면 참 기분 좋게 하루가 시작된다.

내가 나의 일을 잘할 때 아내도 아이들도 자신의 일을 잘하게 된다. 내가 살아가는 지역 사회를 위해서 나는 무엇을 해야 할까? 나라와 인류를 위해서 나는 무엇을 해야 할까? 나의 삶을 성공적으로 살아갈 때 지역 사회도 나라도 인류도 바른길을 찾아 성장해 가고 있음을 알게 되리라 확신한다.

4. 돈의 속성에 대하여

 돈은 마음의 눈을 가지고 있어서 자기가 가야 할 주인을 정확하게 찾아간다. 돈의 주인이 되기 위해서는 돈을 사랑해야 하고 돈을 잘 쓸 줄 알아야 한다. 돈을 잘 벌어야 하기 때문에 돈을 버는 능력이 있어야 한다. 돈이 달아나지 않게 잘 모아야 한다.

 꼭 필요한 곳에 돈을 쓰는 지혜가 필요하다.

 돈을 잘 써야 돌고 돌아 큰돈으로 들어오게 된다.

 돈을 담는 그릇이 커야 한다.

 내가 하고자 하는 사업의 확장성도 내가 가진 돈을 잘 운영해야 한다.

 나를 건강하게 하고 나를 공부하는 데 돈을 투자할 줄 알아야 한다.

 인간관계를 더 넓고 깊게 하기 위해 먼저 베풀 줄 알아야 한다. 돈을 쓰는 나의 인품을 보고 돈은 그 쓰임을 다할 때 돈은 돈을 모으는 힘을 발휘한다.

 돈이 있어서 자기가 해야 할 일을 하지 못한다고 하면 돈은 순식간에 사라지고 만다. 돈이 있어 더욱더 자기가 해야 할 일을 잘할 때에야 원하는 그 이상의 돈이 순식간에 모이게 된다.

 경제를 움직이는 힘에는 명분이 있어야 한다. 세상에

득 되는 일을 할 때 하늘의 도움을 받게 된다. 돈을 통해서 나를 정화하고 세상을 정화하는 힘이 커질수록 돈도 기하급수적으로 불어나게 된다. 돈은 그 주인의 에너지로 잘 쓰일 때에 그 의미를 빛나게 한다.

   돈을 버는 것은 어렵지 않으나 그 쓰임을 바르게 하기가 어렵다. 바르게 쓰지 못하면 돈의 독으로 인해 엄청난 상처를 받게 된다. 뜨거운 감자를 잘 다스리는 지혜로운 부자의 인생을 살아야 한다.

5. 인생의 파도

 끊임없이 몰려오는 파도처럼 삶의 무게에 힘이 들 때가 있다. 좌절하고 절망 속에서 헤어나지 못하고 아파하는 순간들이 있다. 그럼에도 불구하고 다시 정신을 다잡고 버텨 내면 새로운 희망과 비전을 찾고 활력을 되찾을 수 있는 길이 열린다.
 지나고 보면 미소 짓게 만드는 아픔의 시간들이 일이 있어서 이만큼 성장했구나 알 수 있다. 지금 우리가 보내는 시간이 그렇게 아프고 힘들어도 헤쳐 나갈 뜻밖의 지혜가 있는 것이 인생이다.
 큰 성취를 이루었다 해도 끊임없이 몰려오는 인생살이의 숙제는 파도처럼 밀려오게 마련이다. 그 파도를 어떻게 잘 받아들이고 운행해 가느냐 하는 운용의 지혜가 성숙의 척도이고 성공으로 가는 길이다.
 우리는 어디든 갈 수 있고 무엇이든 이룰 수 있다. 이루고자 하는 꿈이 있고 지향하는 가치가 있고 그 길을 향해 도전하는 용기가 있다면 큰 파도를 타고 큰 성취를 이룰 수 있다. 재미있게 인생의 파도를 헤쳐 간다면 굽이굽이 경험하는 모든 것이 배움이고 쓰지만 달콤한 인생의 향기를 머금게 된다.

6. 부자되는 법

누구나 부자가 되고자 하면 될 수 있다. 그리고 누구나 부자가 될 수 있는 타고난 사주를 가지고 왔지만 그 기본금 사주에도 미치지 못하고 살다 갈 순 없다.

부자가 되기 위해서는 검소해야 하고 부자가 되기 위한 생각을 해야 한다. 부자가 될 수 있다는 확신과 끈기 있게 문제를 푸는 방법을 찾아야 한다. 항상 새로운 것을 배우고 차분히 계획을 세우고 멀리 내다보고 미래를 준비하는 삶을 살아가다 보면 타고난 부에 이를 수 있다.

삶의 지혜를 얻는 비법은 죽을 만큼 간절히 원하면 누구나 얻을 수 있다. 지금 시점에서 나에게 가장 소중한 목표를 세워서 성취해 가면서도 가정과 개인의 행복을 위해서 노력하고 건강을 위해서도 노력해야 한다. 일을 통해서 성취하고자 하는 경제적 목표를 설정하여 추구하면서도 지적, 정신적 영역의 성장을 위해서도 노력해야 한다.

강렬한 바람과 확고한 믿음을 가지고 도전해야 한다. 현재 나의 위치를 파악하고 실현 가능한 목표를 설정해서 종이에 적고 마스터플랜을 세워야 한다. 필요한 정보를 파악하고 도움이 될 만한 사람들을 찾아가 의논을 해야 한다. 극복해야 할 장애도 많을 것이지만 끝까지 비전을 가지고 견디면 성공은 시간문제일 뿐이다.

우리가 성공하지 못하는 까닭은 게으르고 진지하지 않기 때문이다. 변명의 여지가 없다. 성공과 실패는 자연의 법칙처럼 정확하게 실천하고 행동하느냐에 달려 있을 뿐이다.

생각의 크기만큼 부자가 된다. 갖춤의 질량만큼 성장을 한다. 지식, 재주, 기술의 깊이가 부자를 만든다. 얼마나 훌륭한 사람들이 주위에 있느냐가 중요하다.

돈은 국민들의 피와 땀으로 일군 에너지이다. 잘 운용하면 계속해서 더 큰 프로젝트를 할 수 있는 기회를 준다. 어떤 일을 하고자 하는 이념의 크기만큼 부자가 된다. 큰 부자는 그만큼 사회와 인류를 위한 책임이 더 크다. 주어진 만큼의 역할을 다할 때 즐겁고 기쁘고 빛나는 삶을 살게 되고 존경을 받게 되고 티 없이 영혼이 맑고 밝아져서 행복과 복덕 속에 살아가다 죽음을 맞이하여 차원 세계에서도 그 밝음과 영향력이 사라지지 않는다.

경기가 나쁜 것이 아니라, 더 많은 기회들이 우리들 앞에 놓여 있다. 사회는 더 투명하게 진화하고 발전하고 있다. 다만 세상을 보는 안목이 부족하여 기회를 놓치고 있을 뿐이다.

사회는 끊임없이 변화하고 발전한다. 역사의 수레바퀴를 거꾸로 돌리지는 못한다. 거대한 흐름을 읽고, 세상의 변화를 바라보는 지혜를 열어야 한다. 그리고 그 안에 존재하는 모순 속에 우리의 역할이 있고 해야 할 일이 있다.

나의 능력을 개발하고 세상에 대한 바른 통찰을 통해서 질량을 키워 가는 하루가 되기를 희망해 본다.

7. 장사꾼과 사업가

 돈을 벌기 위해서 일을 하면 장사꾼밖에 되지 않고 결국 망하고 만다.
 일을 통해서 내 업을 사하고 사람을 이롭게 하고자 하면 공을 이루고 결국 내공이 쌓여 빛나는 삶을 산다.
 사람을 건강하게 하고 사람이 필요로 하는 것을 충족시켜 주는 것이 사업이다.
 돈은 저절로 따라온다. 돈은 구하면 도망가지만 길목을 찾아 기다리면 스스로 주인을 찾아간다.
 돈은 돌고 돌아야 한다. 세상을 정화하고 우리 영혼을 살찌우는 양식이고 인류의 피와 땀이다. 욕심내면 사라지고 잘 쓰면 크게 성장한다.
 사업을 하고자 하면 사람들의 현실을 알아야 한다. 추구하는 욕구를 파악해야 하고 욕구를 넘어 진정으로 원하는 것까지 내다보는 안목이 필요하다.
 모든 것은 디테일의 완성이다. 계속해서 배우고 흡수해서 욕구를 충족시키며 살아가야 성장과 자유를 경험하고 자연으로 하나 되는 삶을 알게 되지 않을까!

8. 사업의 성장은
교육의 시스템을 갖추어야 한다

 국가의 성장도 개인의 성장도 배움이 멈추면 끝나 버린다. 얼마나 훌륭한 교육의 시스템을 갖추었느냐가 미래 성장의 원동력이다. 대한민국도 전 세계의 기술이 들어와서 이만큼 성장할 수 있었다. 그 기술을 계속해서 연구하고 개발하고 확장해 가야 한다. 원전 기술도, 최첨단 기술도 국가가 뒷받침해서 성장시켜야 한다.

 글로벌 기준에 맞게 바이오 산업도 성장시켜 가야 한다. 영혼을 성장시키는 복지 사회를 만들어 가기 위해서 누구도 비굴하게 만들어서는 안 된다.

 모두가 빛나는 삶을 살 수 있도록 바른 자연의 길을 찾도록 전 세계가 하나의 지구촌을 만들어 가야 한다.

 근본적인 대책을 함께 연구하는 장을 열어 가야 한다.

 정치적인 유불리를 떠나서 국민이 건강하고 행복한 삶을 살아가기 위한 노력을 국민과 함께 해가야 한다.

 인생은 환경을 흡수하여 최상의 삶을 선택하여 살아가는 과정이다.

 사실을 수용하고 상생으로 이끌기 위한 지혜를 얻는 것이 어느 때보다 중요해졌다.

 나의 성장이 우리의 성장이 되도록 다 함께 노력해 가

야 한다.

9. 위기 속에 기회와 희망이 있다

경제의 흐름을 관찰해보면, 위기 다음에 큰 기회의 장이 있다.

상황을 있는 그대로 받아들이고 통찰하여, 그 상황 속에서 최선의 선택과 인내심이 필요하다.

나를 알고 상대를 알아야 지혜의 길이 보인다.

누가 더 필요한가? 누가 더 답답한가? 누가 더 맷집이 좋은가?

누가 먼저 제안을 하는가에 따라 명분을 얻는다.

자연의 법에 따라 살고자 하는 것이 진리다.

고맙고 감사하다.

모든 것이 자연의 법에 따라 나에게로 다가오고 있다.

내가 어떻게 흡수하고 해석하고 운영하느냐에 따라서 달리 나타난다.

무엇이 위기이고 무엇이 기회인지 우리는 새롭게 인식해야 한다.

자연과 소통하며 사느냐? 나의 뜻대로만 살려고 하느냐? 나의 뜻도 없이 그저 허송세월만 보내려고 하느냐? 나의 뜻을 세련되게 진화시키면서 자연의 법에 맞게 살려고 하느냐?

우리의 자세가 모든 것을 결정한다.

그대는 지금 여기에서 무엇을 꿈꾸는가?

그것이 무엇이든 이루어지게 하는 것은 세상을 바라보는 우리의 의지이고 태도이다.

10. 성장의 동력

성장의 동력, 그것은 고객의 욕구를 다는 것이다. 그리고 그 욕구를 충족시켜 줄 실력을 쌓는 일이다.

실력을 쌓을 수 있는 인적 네트워크는 정말 중요하다. 그래서 좋은 대학, 좋은 도시를 찾아간다. 배움의 기회를 갖는 것은 언제나 새로운 안목을 갖게 한다. 우리는 알기 위해 어디론가 떠나야 한다. 아는 만큼 성장하기 때문이다.

상대를 바르게 대해야 한다. 우리 모두의 행복을 위해서 소통하고 나누어야 한다. 상대를 알아야 상대를 위해서 살 수 있고 나를 지킬 수 있다. 다가오는 인연을 만나야 나의 현 위치를 알게 되고 나의 부족함을 알게 된다.

세상을 있는 그대로 이해해야 내가 해야 할 일이 보인다. 알아야 선택을 하고 집중을 할 수 있다. 에너지가 모여야 작은 일이라도 해낼 수 있다.

11. 성공의 비밀은 자연을 긍정하고 자신을 믿고 가능성에 도전하는 것이다

내가 하고 싶은 일을 지금 당장 바로 여기에서 할 수 있는 능력이 나에게는 있다. 그것이 무엇이든 나에게 필요한 것이면 구하고 실제로 해보는 것이다. 우리 문제의 답은 현장에 있다.

하나하나를 알아 가는 수밖에 없다. 알면 된다. 알아야 방법을 찾는다. 모르기 때문에 반복되는 실수를 하고 길을 헤맨다. 실수를 통해서 안전한 방법을 찾으려 노력하는 것이 가장 빠른 지름길이다.

내가 본래 가고자 했던 길을 잊지 말아야 한다. 꿈을 성취했을 때 진정으로 내가 하고 싶었던 그 일을 놓치지 말아야 한다.

그때 그 충만함으로 오늘 아침을 맞이해도 좋다. 운동을 즐기고 간소하게 먹으면서도 충분한 영양을 섭취하고 만나는 인연을 위해서 나의 에너지를 나누어 주는 삶, 그 속에 예술이 있고 즐거움이 있다.

누가 알아주지 않아도 나를 연마하고 나의 부족함을 스스로 채워 간다면 그 빛은 사라지지 않고 더욱 빛나는 삶이 될 것이다.

12. 성공의 비밀

　매일매일 누구에게나 풀어야 하는 삶의 숙제는 다가오기 마련이다. 어떻게 받아들이고 맞이하느냐에 따라서 인생은 변하기 시작한다. 인연맞이를 잘 하면 누구나 성공의 자리에 다다르게 된다. 그것은 어려운 일이 아니다.

　타고난 소질만큼 이루는 것은 이미 가지고 온 복을 성취하는 것이라 당연하다 할 수 있다. 가지고 태어난 자질도 발견하지 못해 방황하는 것이 우리들의 삶이라 더욱 안타까울 따름이다. 지금부터라도 자연이 준 복을 믿고 때를 기다리며 오늘 내가 해야 할 삶의 미션을 잘 완수해 가면 된다.

　이루어질 것은 이루어지게 되어 있다. 내가 원하는 삶의 모습을 그려 보지 않으면 우리는 아무것도 성취할 수 없다. 허송세월만 보내다 인생이 끝나 버린다.

　지금 나에게 가진 것이 없어도 내가 노력하면 하늘은 이룰 수 있는 인연을 보내준다. 그것이 오늘 내 앞에 와 있는 인연이다. 너를 위한 삶을 살 때 내가 원하는 것이 이루어지는 원리가 바로 그 때문이다. 인생은 그렇게 돌고 돌아 나에게로 오는 것이다. 너에게 주고자 하는 것이 나에게로 되돌아오는 원리가 바로 주어야 받을 수 있는 대자연의 인연법이다. 줄 수 있을 때 아낌없이 주는 나무가 되면 큰 성취를 이룰 수 있다.

13. 끌어당김의 법칙

    내가 원하는 것이 분명해져야 이루어진다. 내가 원하는 것이 간절하면 더욱 빨리 이루어진다. 내가 원하는 것이 자연의 순리에 합당하고 우리 모두의 번영과 행복을 위한 것이라면 더욱 강력한 힘을 가진다.

    사업의 성장은 오너의 건강과 마인드 그리고 기운이다. 긍정의 기운은 폭발적인 이끌림의 힘을 가진다. 매력과 기운이 떨어지면 사업은 한순간에 무너지고 만다. 그대는 무엇을 끌어당기고 싶은가? 그대의 생각에 날개를 달아라. 생각의 깊이 만큼 인생이 풍부해진다.

    인생의 길은 무한 가능성으로 다양하게 운영되고 흘러간다.

    우연히 찾아온 인연이 큰 작품을 만들게 되는 게 인생이다. 원하고 움직이고 현장에서 배워 가는 과정이다.

    갈까 말까 망설이지 말고 가야 한다. 살까 말까 고민되면 기다려야 한다.

    지금 여기에서 원하는 그림을 그리고 또 그려야 한다.

14. 자연은 우리가 성장하기에 가장 적합한 환경을 준다

 자연이 환경을 주는 것은 우리가 어떻게 받아들이고 어떻게 행하는지를 지켜보고 근기를 달아보기 위함이다. 환경 속에서 우리의 진면목이 드러나기 때문이다.

 환경을 있는 그대로 받아들이고 헤쳐 나가면서 우리가 그것을 풀어 가는 방식이 우리의 질량을 그대로 보여준다. 세상을 이해하는 깊이가 넓고 깊을수록 수용과 해법을 찾는 지혜가 더욱 깊고 밝다.

 주어지는 환경을 어떻게 받아들이고 극복해 가느냐에 따라서 엄청난 금맥이 그 속에 감추어져 있을 가능성이 있다. 우리에게 오는 기회는 우연하게 오는 것 같지만, 기실은 오랜 인연이 익어져서 오는 것이다.

 어떤 정보든 공유할 수 있는 세상이고, 따라서 모든 것이 유리알처럼 투명한 세상이다. 내가 관심을 가지고 보면 다 알 수 있는 세상이다. 지식과 정보로 사는 세상이 아니라, 통찰과 지혜로 살아야 한다. 소통과 나눔을 통해서 내 삶의 영역을 키워 가야 한다.

15. 경제적 어려움은
모든 것이 어려운 것이다

내 그릇 이상의 욕심을 낼 때, 장밋빛으로 다가오던 것이 어느 날 변신하여 내 몸과 마음을 만신창이로 만들고 만다.

빨리 내 주제를 파악해서 나의 모자람을 인정하고 나를 더욱 갖추고 겸손하게 키워 가야 한다. 여러 가지 어려움들이 있지만 나에게 닥친 어려움을 해결하는 것이 내가 성장하기 위해 풀어야 할 숙제 같은 것이다.

자연은 이유 없이 어려운 환경을 만들지 않는다. 지구라는 별은 우리 인간들의 탁해진 영혼을 맑게 하기 위해서, 서로 얽혀 있는 업의 고리를 풀 수 있도록 끊임없는 기회를 주고 있다.

사람들에게 변화를 일으키게 하는 에너지가 바로 경제를 움직이는 것이다. 그것이 곧 모든 사람들의 피와 땀으로 일군 에너지이기 때문이다.

천신의 보호 속에 살고, 지신의 든든한 힘 안에서 살아가고, 사람들과 잘 소통하며 살면 기쁘고 즐겁고 행복한 일들만 가득할 것이다.

16. 일을 좋아하고 즐기는 삶은 생동감이 넘치게 된다

나는 수술이 있고, 적당히 필러, 보톡스 고객도 있고 피부 관리 손님도 있는 날이 참 좋다.

그날은 수입도 좋고, 일도 즐겁고, 보람찬 하루가 된다.

수술이 없고 고객이 뜸한 날은 공부를 할 수 있어 참 좋다. 몸이 안 풀려 찌뿌둥하긴 하지만 또 새로운 공부를 할 수 있다는 것이 참 좋다.

경제적인 어려움을 느낄 때면 심한 압박도 받지만 하루하루 살아갈 수 있음에 고맙고, 미래에 대한 더 큰 희망으로 참 행복하다.

세상의 이치를 알아 가고 소소한 휴식을 해가며 운동도 하고 좋은 모임도 가고, 또 한 번씩 여행도 가면서 새로운 문화를 접할 수 있다는 것이 참 감사할 뿐이다.

우리에게 주어진 시대적인 사명을 생각하고, 하루하루 만나는 사람들에게 조그마한 도움이라도 되는 그런 삶을 희망해 본다.

17. 사람을 대하는 것이 실력이다

우리 앞에 오는 사람들을 얼마나 흡수할 수 있느냐 하는 것이 실력을 갖추는 것이다.

하늘이 주는 에너지는 사람을 통해서 주기 때문에 사람을 존중하지 않고 소통할 수 없으면, 어디에서도 내 실력을 쓸 수 없다.

우리에게 조건으로 주어진 환경이 주는 에너지는 불평불만 없이 받아들여야 한다.

내 노력으로 갖추는 에너지는 그 모든 기운을 흡수하기 때문에 내가 노력하지 않으면 아무런 기운을 받을 수가 없다.

무엇을 하고자 하는 곳에 투자를 잘하면, 경제는 내가 알게 모르게 들어오게 된다.

바르고 날카로운 지혜로 세상을 살아가다 보면 우리의 내공은 쌓이고 쌓여 물리가 터지게 된다. 세상의 이치를 알게 되면 나의 인생을 비로소 살 수 있는 것이다.

가난은 내가 잘못 살아서 온 것이니 지금부터 공부하여 나를 갖추어야 한다.

대자연의 에너지는 항상 변화하고 있다. 변화를 주도해 갈 것인가, 아니면 항상 끌려갈 것인가는 이제 우리의 선택만이 남은 것이다.

18. 바른 노력이 답이다

"하늘이 어떤 사람에게 큰 임무를 맡기려고 할 때, 반드시 먼저 그 심지를 괴롭히고, 그 근골을 고생시키고, 그 몸을 굶주리게 하고, 그 육체를 곤핍하게 하고, 그의 하는 일이 다 어지럽게끔 한다."

- 『맹자』 고자편 중에서

야망이 없으면 열정이 없고 준비하지 않으면 기회는 없다.

겸손과 나눔, 사랑과 봉사 없이 성공과 행복을 창조할 수 없다.

꿈을 향해서 노력하지 않으면서 지족할 순 없다.

노인이 아니라 노력하는 사람이 되어야 한다.

내가 원하는 삶이 무엇인지를 우리는 깊이 깨달아야 한다.

19. 돈 버는 원리

 사업을 해서 돈을 버는 것은 사람을 만나고 사람을 얻기 위한 것이다. 고객을 우리 집에 온 손님처럼 정성을 다해 친절을 베풀어야 한다. 돈은 사람을 타고 올 때가 되면 오는 것이다. 돈을 벌려고 하면 장사는 망한다. 먹고살게 하고 돈을 벌게 해주는 고객들에게 친절하게 하고 고마워하는 마음으로 밝고 활기차게 노력을 하고 있으면 사업을 도와주고자 하는 사람을 얻게 되고 묘하게 길을 열어 주는 인연을 만나게 된다. 돈을 벌기 위해서 일하지 말자. 할 일을 할 때 돈은 저절로 따라 오는 것이다.
 겸손하게 정성을 다하면 순풍을 만난 돛단배처럼 순항을 하게 되고 빛나는 삶을 살게 되고 진정한 사업가가 된다.

20. 성공의 기준

경제는 인류의 피와 살 같이 아주 중요하다. 얕보지 마라. 존중하면 성공은 자연스레 우리에게 온다. 자연을 존중하면 자연은 우리 편이다.

성공은 갖춤의 질량이다. 갖춘 만큼 돈과 사람이 오고, 운용할 수 있기 때문이다. 돈이 많아도 갖춤이 부족하면 평생 창고지기로 살다 간다.

무엇을 갖출 것인가? 어떤 인연을 만나느냐가 인생을 바꾼다. 이것이 자연이 우리에게 주는 선물이다. 인연이 주는 에너지를 흡수하고 또 쓸어 마셔야 한다.

나의 모순을 바로잡고, 삶을 즐겁고 기쁘고 행복하게 살아야 한다. 자신의 비전을 믿는 힘, 이것이 모든 성취와 부에 이르는 핵심이다.

나의 갖춤이 하나하나 쌓여 내공이 생기고 통합의 지혜가 생긴다. 함께하는 사람들과 동반성장을 하고, 상호 존중과 존경을 받는 것이 성공이다.

우리는 성공을 향해서 나아갈 뿐이다. 부족함을 알고 배우는 자세로 노력하자. 순간순간 최선의 선택을 하며 살아가는 과정에 생동감이 있고 여유가 생긴다.

경쟁에서 이기는 성공이 아니라, 나의 길을 발견하고 나의 삶을 살아내는 것이 성공한 인생이 아니겠는가!

다양한 걸림돌과 난관을 극복하는 것은 질량의 법칙이다. 갖춤의 질량에 따라서 자신의 해결 능력도 커진다.

21. 성공의 조건

나는 누구인가를 알아야 진정한 자신감을 갖게 된다. 나에게 주어진 조건과 재능을 스스로 개발해 가면서 충분한 자신감을 가져야 한다.

소통하는 법을 알아야 한다. 엄마가 갓난아기를 대하듯이 따뜻한 시선과 부드러운 목소리, 미소와 편안한 표정, 적절한 반응과 바른 태도로 대화하고 소통해야 한다.

남이 나를 알아주고 사랑하고 있음을 느낄 때 자신을 사랑하게 된다. 자연이 주는 인연을 소중하게 다룰 줄 알아야 한다.

끝없이 공부하고 겸손해야 한다.

인간관계를 잘 가꾸어야 융합의 지혜를 얻을 수 있다. 깊고 넓은 인맥의 거물을 만들어 적재적소에 잘 활용하는 탁월함을 갖추어야 한다.

탁월한 리더십으로 상호 존중의 문화와 체계적인 시스템을 갖추어야 한다.

스트레스를 극복하는 긍정적인 사고가 흘러넘쳐야 한다.

원하는 것을 찾고 바른 이념이 있어야 하늘의 기운을 받을 수 있다.

내 주위의 사람들을 즐겁게 도와줄 때 그 모든 공덕이 차고 넘쳐 흐르게 된다.

진정한 성공은 영혼이 빛나고 가벼워져서 자유자재함과 진리의 기운이 가득하고 홍익 이념으로 이관공익의 대의가 실현되어져야 하리.

22. 장사와 사업

　사업은 사회가 필요한 아이템을 찾고, 사람들에게 도움이 되는 일을 하는 것이다.
　미래 사회에 필요한 아이템을 찾는 더 30프로의 에너지를 쓰고, 사업을 준비하는 데 30프로를 쓰고 40프로로 일을 해도 돈은 저절로 들어오게 된다.
　돈을 벌기 위해 장사를 하게 되면 인재가 오지 않고 사람들이 오지 않아 힘들어지고 망하게 된다.
　사업은 사람을 경영하는 것이다. 사람을 성장시키는 교육을 하고 사람을 위해서 필요한 일을 하는 사업은 절대 망하지 않는다.
　기업이 사업을 모른 채 조직 교육을 하고 장사를 하려고 하니 어렵다. 미래 사람들에게 도움이 되는 일을 지금부터라도 찾아서 준비하고 그 일을 할 때 사업은 저절로 돌아가고 순식간에 성장을 하게 된다.
　미래 사회에 대한 연구와 바른 경영으로 큰 그림을 잘 그려 가야 한다.
　조직에 적합한 사람을 쓰는 게 아니라, 사람을 성장시켜 사회로 나아가게 하는 것이 기업인의 역할이다.
　사람이 성장을 하고 있어야 인류 사회로 뻗어 가는 세계적인 기업가가 되고 사업가가 된다. 새로운 시대적 요청이 들어올 때 발맞추어 그 일을 해낼 수 있다.

　장사는 망하지만 사업은 절대 망하지 않고 성장에 성장을 거듭하게 될 것이다.

23. 새로운 디테일에
눈 뜨는 것은 열정이다

내가 하는 일을 배우고자 하는 열정 없이 디테일이 완성되지 않는다.

가볍게 하는 시술, 쁘띠 성형일수록 디테일이 중요하다. 필러, 보톡스를 어느 정도의 깊이에 넣어서 어떤 모양을 만들 것인가 하는 디테일이 없이 작품은 나오지 않는다.

레이저와 실도 마찬가지다. 레이저를 하는 깊이와 넓이, 실을 넣는 깊이와 목적과 타깃이 무엇인지 정확하게 알고 시행하는 것은 이름이 같더라도 결과는 완전히 다르다.

시술이 단순해질수록 디테일이 살아 있고 명분이 확실해야 한다.

건축도 디자인이 단순해질수록 디테일이 중요해진다. 더 단순하게 더 깔끔하게 건축하는 것과 실용성을 살리는 조명과 소품의 선택은 미적 안목이고 추구하는 가치의 실현이다.

필요한 것은 살리고 불필요한 것은 없애는 노력, 디테일의 완성은 사람에 대한 사랑, 자연에 대한 사랑이다.

기교가 아닌 담백함, 보기에 좋고 군더더기 없는 깔끔함, 말로 표현하기 어려운 혼의 숨결이라고나 할까!

아는 만큼 보인다. 원하는 원형에 대한 미적 감각이 있어야 한다. 아름다운 라인에 대한 생각 없이는 좋은 작품이 나오지 않는다.

효율성에 입각한 최선의 선택은 이루고자 하는 디자인대로 만들고자 하는 열정이다. 그린 대로 작품이 나오는 것은 장인 정신이다. 현장에서 직접 손으로 읽힌 감각이다.

24. 경쟁하지 말고 내 할 일을 해라

내가 해야 할 일을 할 때 즐거움이 온다. 혼자서 뭔가를 하기에는 너무 힘든 세상이다. 각 분야의 전문가들과 의논해서 최선의 방법을 찾아야 한다. 서로 의논하면서 길을 찾고 서로 도우며 선의의 경쟁을 한다면 더욱 빠르게 성장하게 된다.

상대를 싫어하는 마음으로 일을 하면 나만 더 힘들어진다. 서로를 존중하면서 내가 해야 하는 일을 하기 위해 노력하면 빛나는 삶을 살게 된다. 홍익 이념으로 자연의 법을 알고 인류가 가야 할 방향을 알고 다 함께 노력하면 서로에게 좋은 기운이 생긴다. 상대를 존중하고 의논하면 최상의 길을 찾게 된다.

새로운 문화를 만들어 가다 보면 그것이 문명이 되고 인류 평화를 위한 초석이 되어 기쁨이 넘쳐 나게 된다. 경쟁을 넘어 즐거운 마음으로 우리가 해야 할 일을 연구하고 찾아간다면 행복이 넘쳐 나게 된다.

서로 나누고 소통하는 가운데 에너지가 흘러넘쳐 모든 힐링의 기운이 생긴다.

선의의 경쟁은 빠른 성장을 가져온다.

주어진 환경에서 최선의 선택은 우리에게 생명력을 느끼게 할 것이다.

바르게 살려고 애쓰며 노력하는 하루하루를 살아 보자.
소박하고 단순하게 살아 보자.

고객이 원하는 것을 알고 그것을 넘어서 부족함을 채워 줄 수 있는 안목으로 고객 감동을 줄 수 있어야 한다.

나를 위한 선택이 아니라 고객을 위한 최선의 선택이 우리 모두의 행복을 불러온다.

25. 원대한 꿈을 가져라

욕구가 얼마나 간절한가? 그리고 그것이 나의 성장에 얼마나 필요한 것인가?

원하는 것이 얼마나 명확한가? 그것을 얻기 위해 지불해야 할 대가를 치를 준비가 되어 있는가?

하는 것이 중요하다. 우리의 목표와 우리 삶의 가치가 서로 잘 맞아야 한다. 우리가 잘할 수 있는 일인지를 살펴야 한다. 우리에게 주어진 상황 속에서 할 수 있는 일이어야 한다.

가정과 개인 모두에게 행복을 주고, 건강을 해치지 않으면서 정신적인 성장과 영적 성장을 이끌 수 있는 다양한 공부를 하면서 원하는 큰 꿈을 키워 가야 한다.

너무 추상적이지 않으면서 측정 가능하고 다른 모든 목표들을 성취하게 하는 경제적인 안정을 가져가면서 건강하고 유익하고 보람 있는 일들을 하나하나 배워 가다 보면 빛나는 삶을 살게 되리라 믿는다.

성장하면서 필요한 것들을 자연에게 축원하며 그 하나하나를 실천해 가면 우리는 저항할 수 없는 힘을 갖게 된다. 세상의 그 어떤 것도 우리의 꿈을 막을 수 없다.

좋고 나쁜 일은 없다. 단지 내가 살아온 삶의 과정에서 내가 불러온 일들은 내가 받아들이고 지금부터 바르게 살기 위한 노력을 하면 된다.

잘 해결될 일은 잘 해결하면서 가고 어려움이 오는 것은 어려움을 통해서 큰 배움의 기회로 인내하며 견뎌야 한다.

바르게 푸는 방법이 있다면 바르게 풀기 위해 애쓰고 노력해야 한다.

26. 모르는 것은 진솔하게 물으라

답을 아는 사람에게 진솔하게 물으면 중요한 포인트를 정확하게 알려 준다. 묻지 않기 때문에 답을 구하지 못하고 성장하지 못하고 제자리에 머물다 어려움을 자초하게 된다.

노력하고 구하면 도와주고 싶은 것이 인지상정이다. 전문가를 인정하고 도움을 구해야 작품이 탄생한다.

작품은 디테일이 생명이다. 디테일을 완성하고자 하는 노력, 그것이 우리의 숙제이고 공부이다.

소통하는 가운데 새로운 나만의 노하우가 생긴다. 혼자 생각하고 가두어 버리면 더 이상 성장할 수 없어 정체되어 버린다.

구한 것은 또 나누어 주어야 한다. 그래야 새로운 기운이 샘솟는 법이다.

나에게서 나오지 않으면 새로운 것이 생하지 않는다.

생각의 확장성은 나의 생각이 소통될 때 더욱 깊어지고 커진다.

무엇을 모르는지도 모르고 산다. 무엇을 알아야 하는지도 모른다. 그러나 내가 만들고자 하는 그 일은 내가 아직 알지 못하지만 그 속에 엄청난 디테일과 전문가의 안목을 필요로 한다.

27. 위기를 기회로

 코로나19 바이러스 감염이 중국에서 일본, 한국으로 지금은 유럽과 미국을 강타하면서 세계 경제의 동맥을 손상시키고 있다. 유례가 없는 자가 격리로 소비가 위축되고 항공 산업이 초토화되고 자영업의 어려움이 극에 달하고 있다. 언제 잡힐지 모르는 불안감이 대공황 이후 최악의 주가 폭락을 불러오고 있다.

 지금은 전 세계가 비상사태로 돌아가고 있다. 개학이 4월로 연기되고 인터넷으로 비대면 수업을 하기 때문에 급격한 변화에 적응해야 하는 중차대한 시기를 맞이하고 있다.

 지금 우리는 무엇을 준비해야 하는가? 넋 놓고 있을 때가 아니다. 위기를 기회로 잡을 아이템을 생각해야 하고 사회 변화를 예측하고 준비하는 공부와 투자를 시작해야 한다.

 누구를 탓하고 원망하고 있을 시간이 없다. 내 건강을 먼저 챙기고 부도나지 않도록 유동성을 확보하고 미래 사회가 어떻게 변화되어 가고, 우리는 무엇을 해야 하는지 깊이 연구해야 한다. 알면 여유가 생기고 우리는 기회를 잡을 수 있다.

 세상은 있는 그대로 바라보는 관찰자가 될 때 세상을

구하는 지식인이 될 수 있다. 모르는 것을 배우고 익혀 갈 때 기운이 생긴다. 새로운 패러다임을 찾고 연구하는 가운데 사회적인 문제들은 하나씩 정리가 되어 갈 것이다.

우리가 사회 변화를 깨우치기 위해 큰 고통을 감내할 때 새로운 지식과 기회를 맞이해야 한다. 그리하면 지금까지 알지 못했던 즐거움과 기쁨이 우리들에게 안길지도 모른다.

오늘은 음력 3월 3일 삼짇날이다. 한 해의 기운을 알 수 있는 날이다. 좋은 일들로 가득하시길 기원한다.

위기에 처했을 때 어떤 선택을 하느냐에 따라 엄청난 성장을 위한 기회를 잡을 수 있다. 다시 한번 내 삶을 점검하고 부족함을 촘촘히 메꾸어 가는 공부의 자세가 필요하다.

28. 어렵고 아플 때 비약적으로 성장해야 할 시간이다

　몸이 아플 때, 마음이 아플 때 우리는 의사를 찾아간다. 진단과 처방을 받고 우리는 건강해진다. 바른 진단과 바른 처방을 해줄 수 있는 의사를 만나야 우리는 회복을 하고 새로운 희망을 가지고 삶을 건강하게 살아갈 수 있다.

　길이 보이지 않을 때, 경제가 어려울 때, 무엇을 해야 할지 알 수 없을 때 우리는 찾아갈 멘토가 필요하다. 우리 주위에 나를 도와줄 인연은 항상 와 있다. 가장 적합한 환경이 우리에게 항상 와 있다. 바르게 노력하며 살아갈지, 더 큰 아픔의 길로 나아갈지 스스로 선택을 하고 0.1㎜의 오차도 없이 정확하게 뿌린 대로 다가오는 정확한 자연의 법칙을 만나게 된다. 자연과 다투는 시간을 줄이고 관찰하고 살피고 연구해서 세상과 사람과 나 자신에 대한 깊은 이해를 가져가야 한다.

　세상 속에서 어떻게 사람을 대하며 자신의 가치를 키워 갈 것인가? 바르게 선택하고 노력하는 것 말고 우리가 할 수 있는 일, 세상을 원망하고 남을 탓하고 살아 보아도 자신의 무지와 부족함만 드러날 뿐이다. 자연의 성장은 자연에 맡기고 내가 해야 할 이 땅에서 구현해야 할 사명과 이념을 펼쳐 보자.

한국의 위기는 세계의 위기이다. 내가 해야 할 일을 찾을 때 한국의 희망은 꽃피고 세계의 번영과 평화가 함께한다.

내 주위에 내가 관심과 사랑을 보내야 할 한 사람부터 살펴볼 일이다. 전적인 믿음과 사랑으로 내 앞에 오는 인연을 만나 보자. 만남이 기쁨이 되고 힐링이 되고 성장이 되는 삶을 실천해 보자. 새로운 인연을 찾아 방황할 일이 아니라 오늘 내가 관계하는 그 사람을 위해 나의 모든 열정과 에너지를 쏟아 보자.

29. 21세기는 고객 중심, 사람을 위한 기술과 사업만이 살아남는다

고객과의 접점 자체가 비접촉 상태에서 이루어진다. 인터넷을 통한 디지털 시대가 더욱 빠르게 전개되고 인공지능의 기술을 활용한 다양한 제품의 탄생으로 생활은 편리해지지만 빈 공간을 파고드는 새로운 문화 공간의 중요성은 더욱 커지고 있다.

내가 하는 일 속에서 빠르게 접목해야 할 분야를 선도해 가는 노력을 해야 한다. 그러한 선도력은 깊은 관심과 통찰 속에 새로운 해법을 찾아가는 도전이다.

위험 없이 안정적인 성장을 꿈꾼다면 아무런 혁신도 가져올 수 없다. 깊게 생각해서 시장이 보인다면 과감한 투자를 시행해야 한다.

투자를 할 수 없다면 그러한 시장으로 나아가서 나의 역할을 찾아야 한다. 고객의 선택을 받는 실력이 있어야 한다. 실력만큼 인정받고 성장하는 사회다.

디자인의 완성은 조화로움과 디테일이다. 색의 조화와 사람을 위한 생각이 바탕에 깔려 있어야 한다.

30. 정성과 노력은 모든 것을 이긴다

내가 하는 일에 정성을 다한 섬김과 최선의 열의를 다할 때 우리는 모든 어려움을 뚫고 활기찬 분위기를 만들어 낸다. 한 분 한 분 정성을 다해서 모두가 하나가 되어 일하고 서비스를 베푼다면 그 진심은 항상 통한다.

상대를 바르게 대한다는 것은 모든 것을 포함한다. 상대를 위한 선택이 나를 위한 선택이 된다. 매 순간 상대를 위하고 나를 위한 선택을 해야 한다. 그것은 상대를 존중하고 나의 성장을 위한 선택이다.

정성이 깃든 한마디가 상대를 살린다. 상대를 기분 좋게 하도록 이해와 관심을 가지고 대해야 한다. 분위기가 좋으면 모든 불평과 불만이 잠잠해지고 쉽게 건너갈 수 있다.

힘들 때마다 나의 정성과 노력을 끌어올려라. 약간 손해 보는 선택을 해도 어떻게든 그 보상이 돌아오는 게 인생사 아니던가!

내가 하는 일에 정성으로 임한다면 아름다운 일이다. 그 속에서 즐거움과 비전이 함께한다면 위대한 일이다.

31. 새로운 시대의 성공 비법은

사람들이 필요로 하는 것을 알고 찾고 연구해야 답이 나온다. 고객의 선택을 받기 위해서는 오로지 그들의 욕구를 충족시켜 주는 실력이 있어야 한다.

내가 줄 수 있는 역량을 얼마나 인지도 있게 홍보하느냐 하는 것도 중요하다. 돈을 버는 것도 중요하고 지키고 키우는 것도 중요하고 잘 쓰는 것도 너무너무 중요하다. 잘 써야 돌고 돌아 사업의 확장성을 가진다.

알고 있다고 생각하는 것도 새롭게 인식할 줄 알아야 한다. 그런 창의성이 바로 탁월함을 만들어 낸다.

과연 이것이 최선일까 하는 끊임없는 물음을 통해서 새로운 도전을 할 때, 뜻밖의 행운을 만나고 새로운 활로를 여는 게 아닐까!

나를 표현하고 노출하는 방법이 점점 세련되어 가고 있다. 나를 갖춘 것이 있어야 보여 줄 것이 생긴다. 내가 알고 있는 것을 표현할 때 새로운 것이 들어온다. 알고 있는 것을 표현하지 않고 간직한 채 머물러 버리면 성장도 멈춘다.

내가 알고 있는 것을 나누어라. 그때 상대도 내가 알지 못하는 뜻밖의 지식을 되돌려 준다.

내가 자연으로 보낸 것이 나에게로 돌아오는 과정이

인생이다. 그때 우리는 삶의 보람을 느끼고 성공을 맛보지 않을까 생각해 본다.

32. 운명을 바꾸는 지름길

1. 나는 무엇을 하기 위해 오늘까지 공부하며 살아왔나?

나에게 주어진 환경을 통해서 내가 해야 할 일을 발전해 가야 한다.

2. 하늘과 신이 나에게 부여한 사명은 무엇인가? 아니, 내가 세상에 나오기 위해 삼신할머니에게 맹세한 서원은 무엇인가? 이 땅에 인간의 모습으로 탄생한 이유는 무엇인가?

우리는 성장을 위해서 이 땅에 태어났다. 인간 육신과 시간의 소중함보다 더 가치 있는 것은 없다. 그것은 영혼의 성장을 비약적으로 이끌 수 있기 때문이다.

3. 어떤 공부를 해야 영적 성장을 가져올 것인가?

지식을 넘어 대자연의 운행 법칙, 삶의 원리를 알아 가고 연구해야 한다.

33. 사업의 성공은 선순환의 원리를 알아야 한다

고객이 원하는 것을 먼저 주면 그 대가는 저절로 들어오게 되어 있다. 고객이 원하는 것이 부당하게 느껴지더라도 내가 줄 수 있는 것이면 주는 게 좋다. 고객의 선택을 받았다는 것이 경쟁력이다. 먼저 주지 않고 먼저 받고 주려고 하기 때문에 아무것도 주지 않으려고 하는 것이다.

나의 실력은 상대를 아는 데 있다. 상대가 원하는 것이 무엇인지 아는 데 있다. 상대가 원하는 것을 주어라. 그러면 내가 원하는 것은 저절로 들어온다. 현재 글로벌 기업들은 국민이 원하는 것을 아낌없이 먼저 주었기에 경쟁력을 가지게 된 것이다.

나의 것을 줄 수 있는 고객이 있다는 것은 큰 기쁨이고 보람이다. 상대가 누구든지 먼저 내가 줄 수 있는 것을 갖추는 것이 공부이고 실력이다.

내가 줄 것이 없기 때문에, 아니 주지 않으려 하기 때문에 세상도 너에게 줄 것이 점점 없어지는 것이다. 먼저 주고자 하면 기꺼이 돌고 돌아오는 것이 자연의 복이다.

34. 지금은 성공 시대를 열어야 한다

실패하는 것은 없다. 아직 이루지 못했을 뿐, 이루기 위해 무엇인가를 해야 한다. 원하는 것을 위해 도전해야 한다.

모든 물질적, 정신적 성숙은 융합을 통해서 일어난다. 혼자서 이룰 수 있는 것은 이제 다했다. 다양한 전문가들의 안목으로 최고의 작품을 만들어 내야 한다.

모든 사업은 사람을 이롭게 하고자 하는 데 있다. 이로움은 사람이 원하는 것을 있는 그대로 알아주는 것이다. 그리고 깨끗하게 그를 돕는 것이 사업이다. 많이 도우면 도울수록 나의 사업은 성장한다.

너를 위해 도울 것이 없다면 나의 부족함을 갖추기 위해 공부해야 한다. 현장으로 달려가서 나의 부족함을 채운다면 바로바로 채울 수 있는 세상이다. 무엇이든 빠르게 배우고 빠르게 성취할 수 있는 세상이다.

조력자를 만나지 못한다면 나에게 돕고자 하는 열정이 부족한 것이다.

세상은 한 치의 오차도 없이 뿌린 대로 거두는 연기법이다. 나에게 오는 모든 것은 내가 불러들인 결과물임을 알아 겸허하게 무엇이든 반갑게 기꺼이 받아들여야 한다.

성공의 씨앗을 심으면 성공은 저절로 온다.

내가 해야 할 일이 무엇인지 고민하는 것, 그것이 오늘을 기쁘고 신나게 사는 일이다.

나의 기운이 충만할 때 나의 기운을 필요로 하는 사람이 온다.

나의 기운이 탁해지면 사람들은 떠나간다. 나를 맑히고 기운 충만의 인생 설계를 다시 해야 할 때이다.

IV. 대자연
큰 흐름과 함께하라

1. 기도한다고, 원하기만 한다고 이루어지지 않는다

내가 하고자 하는 일은 나의 철학과 자연의 이치와 잘 맞아야 한다.

정확한 정보에 입각한 디테일한 목표와 계획이 있어야 한다.

방법을 찾아가는 지혜와 인맥이 잘 갖추어져 있어야 한다.

혹시나 생길 위험에 대한 대비도 철저하게 준비해야 한다.

어떻게 해야 문제를 해결하고 원하는 결과를 얻을 수 있는지, 내가 선택할 수 있는 최선의 선택을 고민하고 연구해야 한다.

우리 모두를 위한 선택이 무엇인지 몰라도 그 길로 자연은 인도하고 있다. 우리에게는 이를 믿고 기다리는 힘이 필요하다. 큰 꿈이 있어야 큰 기운이 함께한다. 내가 생각하는 큰 그림이 있어야 자연은 그 이념을 도와줄 인연을 보내준다.

도전하고 노력하는 가운데 새로운 길이 만들어지고 그 속에서도 최대한 재미있고 즐겁게 할수록 일의 능률은 더욱 상승한다.

감사함이 클수록 감사할 일들이 더욱 생기게 된다.

인연을 잘 맞이하고 좋은 관계를 통해야 사업은 성장한다.

다양한 방법으로 나의 인지도와 영향력을 키워 가야 한다.

부질없는 것들은 잘 정리하고 내 삶을 풍성하게 하고 재미있게 하는 일들을 찾아야 한다.

건강을 위해서 운동하고 좋은 음식을 먹고 스트레스를 잘 관리해야 한다.

바르게 살기 위한 노력을 멈추지 않는다면 성장은 자연스러운 흐름이 된다.

2. 현실의 바탕 위에
오늘의 삶을 살아야 한다

　물가가 계속해서 오르고 있다. 물가를 잡기 위해 금리를 올릴 수밖에 없는 상황이다. 경기 침체를 감안하더라도 고금리와 고환율의 부담을 안고 오늘의 현실을 살아내야 한다.

　어떻게든 사회의 체질은 변하고 있다. 제조업의 어려움과 자영업의 어려움은 점점 깊어만 간다. 인건비도 오르지만 그보다 더욱 힘든 건 일을 하지 않으려는 흐름 때문에 인력을 구하기가 어렵다. 사람들은 점점 쉽고 편하게 일을 하려 하기 때문에 갈등은 깊어져 간다.

　그럼에도 불구하고 오늘 나를 찾아오는 인연이 있음에 감사하고 내 옆에 인연이 있음을 감사하며 내가 해야 하는 일을 다한다면 우리는 어떤 어려움도 헤쳐 나갈 기회와 길을 만나게 될 것이다.

　현실을 외면하고 막연한 기대감으로 사는 것이 아니라, 가능한 돌파구를 찾는 노력을 통해서 지혜가 생긴다. 그리고 이미 내 주위에 최상의 조건을 자연이 주었다는 것도 깨닫게 될 것이다.

　인류 역사상 지금보다 더 좋은 기회는 없다. 필요한 정보를 어떻게든 알 수 있다. 알게 모르게 세상은 투명해져

가고 있다. 합리성과 바른 정의와 공정을 찾아가고 있다.

3. 빛나는 삶이란?

나의 갖춤은 상대를 위해서 쓰일 때 빛이 나는 것이다. 혼자만의 만족이 아니라, 내 옆에 있는 사람에게 힘이 되고 그 사람에게 필요한 것을 줄 수 있어야 진정한 보살행이고 부처의 삶을 살아가는 것이다.

나의 생각을 고집하는 것이 아니라, 상대를 위해 이해되게 도움을 줄 수 있는 도량을 갖추어야 하고, 부족한 것이 있다면 서로 의지하며 배워 가야 한다. 기운은 나눌수록 커지고 상생하게 되며 우리가 행복해지는 것이다.

소통하지 않으면 갑갑해서 압이 차게 되고 병이 생기게 되고 어려움을 부르고 죽어 가게 되고 빛을 잃게 된다. 소통하게 되면 병은 사라지고 생명력은 살아나고 우리가 빛나게 된다. 자연의 법칙을 따르면 더욱 에너지가 충만하게 되고, 법칙을 벗어나면 에너지는 시들해지고 생명력을 잃게 된다.

인연을 소중히 여기고 아름답게 가꾸는 일은 나를 위해서 사는 것이 아니라, 상대를 위해서 나의 에너지를 주는 것이다.

이치에 맞게, 법도에 맞게 주고받는 일, 그것이 우리가 한평생 고민하고 노력해야 하는 것이다.

4. 거침없이 나의 삶을 살아라!

지나간 일은 지나간 대로 두어라. 내가 다 알지는 못하지만 나를 위한 자연의 배려와 사랑이었다. 다가오지도 않은 미래를 염려하지도 마라.

나를 위한 모든 것은 이미 준비되어 있다. 나의 선택이 나의 태도가 나를 변화시키고 나를 성장시킬 뿐.

우연히 나에게 인연이 오는 법은 없다. 모든 것은 때가 되어 나타났다가 때가 되어 사라진다.

변하지 않는 것은 없다. 변화 속에서 우리 영혼은 성장하기도 하고 더 깊은 수렁 속으로 빠져들어 가기도 한다.

아무것도 안타까워하지 마라. 야생마처럼 나의 삶을 거침없이 살아가라. 원하는 것을 꿈꾸고 생각하고 말하고 행동하라.

원하지 않는 것은 생각도 말도 행동도 하지 마라. 내가 원해서 나에게 온 것은 감사하게 받아들이고, 잘못 받아들인 것은 바로 지금 수정하라.

나의 부족함을 갖추기 위해서 주는 하늘의 벌은 달게 받아라. 나의 고집으로 세상을 변화시키려 하기보다 세상을 살아가는 바른 법이 무엇인지 궁구하라.

구하는 것은 이루어지게 하는 것이 자연이 주는 선물이다. 열정의 순도와 깊이만큼 가속도로 이루어지게 할 것이다.

두려워하지 마라! 인생을 즐기고 사랑하고 행복하게 사는 것이 진정으로 자연이 간절히 원하는 것이기 때문이다.

5. 흥하고 망하는 것은 자신의 갖춤에 달려 있다

어느 것 하나 안 좋은 조건은 없다. 타고난 사주가 좋다고 계속 잘되는 것이 아니고, 크게 쓰기 위해 처음부터 고생을 시키고, 크게 담금질을 하여 자신을 갖추게 하는 경우가 다를 뿐이다.

자연은 조건을 좋게 주고 기회를 줄 때가 있다. 그러면 더욱 자신을 갖추어서 자연이 주는 의무를 함께 행해야 한다. 계속 거두어들이라고 기회를 주는 것이 아니다. 더욱 크게 갖추어 널리 보람 있게 쓰라고 주는 것이다. 자연에서 온 것은 자연으로 되돌려 주어야 한다. 더욱 보람 있고 뜻있게 승화를 시켜야 하는 것이다.

에너지는 돌고 돌아야 한다. 자꾸 거두어들이기만 하다 보면 어느 땐가는 다시금 자연이 거두어들이기도 하는 것이다.

잘 운용하는 사람에겐 더 큰 기회를 주는 것이 자연의 법칙이다.

나는 나의 자리에서 나의 할 일을 하고, 내 주위를 위해서 살아야 한다. 우린 서로에게 필요한 존재이기에 함께 있는 것이다. 그 상생의 길을 찾는 것이 나의 갖춤을 완성해가는 길이고, 그것이 영성의 길이다.

하늘은 스스로를 갖추는 자에게 힘을 준다. 즐겁게 기쁘게 행복하게 할수록 더욱 큰 힘이 생기는 것이다.

걱정하는 사람에게는 걱정을, 희망을 노래하는 사람에게는 희망을 준다. 자신을 믿고 노력하면 모든 것을 갖출 수 있는 것이 우리들의 삶인 것이다.

6. 우리는 무엇이든
할 수 있는 신적 존재다

우리는 우리가 원하는 것은 무엇이든 할 수 있다. 할 수 있는 사람을 아직 못 만났거나, 노력이 부족하거나, 전문가적 자세로 책임을 지지 않으려고 했거나, 남들에게 미루거나 하면서 외면할 순 있어도 우리가 할 수 없는 것은 없다.

시간이 걸리거나 더 큰 우주가 필요할 순 있어도 우리가 안 된다, 할 수 없다 하는 것은 일시적인 것이다. 모든 것은 우리의 생명, 존재 자체가 신비부사의한 능력을 가지고 있다는 것을 믿는 자신감에서 출발하면 된다.

7. 지금 여기에서 살아라

오늘의 삶을 지금 여기에서 최선을 다해서 살아야 한다.

누군가가 나에 대해서 말을 하면 좋은 것이든 나쁜 것이든 흡수하고 쓸어 마셔라. 나를 갖추고 오늘의 상황을 받아들이고 변화를 두려워하지 마라. 상대를 통해서 나를 바라보고 나를 갖춤으로 오늘을 살아라. 나를 낮추어서 겸허히 자신을 배워 가는 그런 하루이길······.

혼자 있을 땐 영혼을 살찌우는 양식을 흡수하라. 함께 있을 땐 상대를 위해서 배려하고, 성장을 돕기 위해 공감하고 잘 나누어라.

무의식적 저항과 고집을 내려놓고 상대의 말을 잘 경청하자. 그러면서도 나의 욕구와 의도를 잘 전달하자. 그러면서도 상호 존중의 바탕 위에서 의논과 적절한 부탁으로 순간순간 샘솟는 생명력으로 오늘을 맞이하자.

작은 한마디, 작은 행동 하나가 막혀 있는 기운을 치료하는 사랑이다.

8. 영혼의 성장이
나의 질량을 키우는 것이다

　물질의 풍요는 우리의 질량을 키우기 위한 방편이다.
　우리 영혼의 성숙은 내가 이 땅에 온 목적이고 본래의 나를 찾기 위한 대자연의 흐름이다. 영혼이 정체되어 있으면 나의 인생을 사는 것이 아니다.
　나의 삶은 나의 것이다. 나의 갖춤으로 상대를 대하고, 진정으로 상대를 위하는 마음으로 나를 표현할 때 우린 본래 둘이 아니었음을 알게 된다.
　네가 있으므로 내가 있고 내가 있으므로 우주가 있는 것이다.
　나는 이 우주의 중심이고, 나의 성장으로 우주도 함께 성장하고 있는 것이다.
　몸의 평화는 영혼의 평화에서 온다. 몸의 건강은 영혼의 건강에서 온다. 내 몸과 마음의 뿌리는 영혼의 성숙에서 온다.
　매일매일 배우고 변화하는 삶, 새로운 장소를 찾아가고, 새로운 도전을 하고, 새로운 공부를 한다면 우리의 성장은 그 밀도만큼 커갈 것이다.
　성공에는 성공의 법칙이 있고 실패에는 실패의 법칙이 있다. 다만 그것을 어떻게 실행하느냐의 차이가 삶을 바꾸게 될 것이다.

9. 현실은 늘 옳다

　현실은 늘 옳다. 내 생각이 틀린 것이다. 사실은 바꿀 수가 없다. 다만 내 생각을 바꿀 수는 있다. 바꿀 수 없는 현실은 그대로 받아들이고 내 생각을 바꿈으로써 감사와 축복, 즐거움을 선택하는 것이 깨어나는 것이고 행복의 첫걸음이다.

　내가 해야 하는 행위를 통해서 우리는 변화하고 성장한다. 내 생각 속에 구속되는 삶이 아니라 그 생각을 어떻게 하느냐에 따라 내 운명이 창조되어지고 나다운 삶을 스스로 결정하고 주인공으로서 살아가는 멋진 예술가가 되는 것이다.

　열정적으로 행동하면 열정적인 사람이 된다.

　나는 열정적이다.

　나의 새 운명 창조는 나의 생각을 긍정적으로 서로를 살리는 노력을 통해서 오리라.

10. 나에게 오는
모든 상황은 다 쓸어 마셔라

　지금 내 주위의 환경에서 일차적인 공부가 온다. 전부 다 내 공부다. 들었으면 들이마셔라. 나에게 약을 주는 것이다.

　말이 변해 독도 되고 말이 변해 꽃도 된다. 대화는 상대를 위해서 해야 한다. 나를 위해서 하는 것이 아니다. 남을 위하지 않고 자기를 위해서 말과 글을 쓰기 때문에 어려움이 생긴다. 내가 하는 말이 축원이다. 뜻있는 일을 하기 위해 말을 하고 대화를 하면 그런 일을 할 수 있게끔 기운이 들어온다.

　생각의 급수를 올리는 최고의 방법은 나 자신이 공부하는 것이다. 우리가 어려워지는 이유는 말과 생각과 행위를 잘 못 하기 때문이다.

　나에게 주어진 상황에서 즐겁고 행복하게 존재하는 것이 신이 원하는 것이다.

11. 자유로운 영혼, 빛나는 삶

내 영혼이 원하는 일, 그것이 이념이다. 진정으로 내가 하고픈 일은 무엇인가? 그리고 나는 누구인가? 지금 생각하는 나는 웅크리고 상처투성이의 나일 것이다. 그래도 희망을 가지고 오늘을 맞이하자. 있는 그대로 현실을 바라보고 나를 뒤돌아보는 겸허함으로 있어 보자. 모든 것을 흡수하고 나의 에너지를 내 앞에 있는 한 사람이라도 득 되게 살아보자. 큰 그림을 그리고 하나씩 실천하는 가운데 자연의 기운이 들어오게 된다.

그때 그때 만나는 사람들을 내가 소중하게 배우고 아끼고 사랑해야 한다. 누구라도 최선을 다해서 대하다 보면 그것이 인품이 되고 습관이 되어 자연히 나에게로 되돌아오게 되는 것이다.

미워하는 마음, 불평하거나 비난하는 마음으로는 상대를 제대로 볼 수 없을 것이다. 그것이 그의 본질이 아니기 때문이다. 그도 나처럼 영혼의 정화를 위해 애쓰고 있기 때문에 연민의 정으로 감싸 안아야 하는 것이다.

나의 허물이 아직 남아 있듯이 그도 아직 허물이 남아 있을 뿐, 우리가 불만을 할 처지는 못 되는 것이다.

나에게도 시련을 주듯이, 자연은 알아서 진화하고 있고 성장하고 있다. 어디에서도 주눅들거나 침울해질 필요는 없다. 자연은 즐겁고 기쁘고 행복하기 위해서 존재하고 그렇게 살 때 우리는 자연과 하나가 되고 사람과도 하나가 되는 것이다.

그때그때 미션이 들어오지만 당황하거나 놀라지 않아도 된다. 미션 속에 풀 수 있는 방법이나 힌트가 너무도 명백하게 있기 때문이다.

내 눈에 보이지 않으면 스승을 찾아가면 된다. 살기 참 편하고 좋은 세상이다. 스승이 없다면 내 주위 만나는 사람에게 진솔하고 겸손하게 물으면 알려 주는 것이 삶의 신비로움이다.

12. 삶과 철학에 대하여

 철학은 생활의 예술이요, 예술은 철학의 꽃이다. 삶을 예술로 가꾼다는 것은 철학이 생활 속에서 꽃피어 나는 것이다. 그것은 영혼의 정화이고 카타르시스의 삶이다.

 우리는 누구나 다 철인이 되어야 한다. 각자에게 주어진 위치에서 저마다의 꽃을 피워야 하는 것이다.

 내 존재의 생명력을 지금 느끼고 표현하고 소통하는 삶은 얼마나 빛나고 아름다운가! 지금부터 할 일을 찾아 열심히 성실하게 살면 절대 어려워지지 않는 것이 로고스, 대자연의 법칙이다.

 돈을 좇고, 요행을 바라고, 틀리게 노력하면 점점 더 어려워지는 것은 자명한 것이다.

 지금은 신과 사람이 일체가 되어 모든 것을 사람이 운영해 가야 하는 진정한 인본주의 시대가 되었다. 사람이 해야 할 일을 더 지적으로, 더 철학적으로, 더 예술적으로 살아야 할 때가 온 것이다.

 하여 환경을 흡수하여 자신을 계속 갖추어야 한다. 그 갖춤은 사람을 통해서 오는 것이다.

13. 우리 인생에서 가장 중요한 것은?

어떤 삶을 살고 어떤 의미로 보람 있고 빛나는 삶을 살 것인가를 명확히 알아 가고 밝혀 가야 한다. 그것이 철학이고 가치관이고 종교의 가르침이다.

우리에게 주어진 환경을 어떻게 받아들이고 사느냐에 따라 수행이 되기도 하고 혹독하고 한스러운 삶이 되기도 한다.

무엇이든 나 자신을 바로 세우는 대자연의 선물로 생각할 수도 있고, 세상을 탓하고 상대를 탓하며 살 수도 있다.

우리가 어떤 관점으로 세상을 받아들이느냐에 따라서 우리 삶은 변화되어 갈 것이다. 내가 그리는 대로 세상은 나에게 되돌려 줄 것이다.

바른 삶의 태도가 모든 것을 새롭게 만들 것이다. 상대를 통해서 나를 점검하고, 상대를 위하는 삶을 통해서 나의 모자람을 채워가는 멋진 하루, 소중한 시간을 보내시길 희망해 본다.

14. 우리 삶은 도전과 응전의 연속이다

우리에게 주어진 삶의 무게는 우리 성장의 원동력이다. 도전 없이 현실에 안주하는 순간 우리의 생명력은 빛을 잃어 간다. 저 넓은 세상으로 자신을 던지지 않고는 세상을 이해하기 힘들다. 대중 속으로 들어가지 않고는 대중을 이해할 수 없다.

책 속에는 답이 없다. 그것은 역사에 지나지 않는다. 우리는 현재의 오늘을 살아야 하고 끊임없이 다가오는 도전과 현실 앞에 당당하게 나의 삶을 살아 내야 한다.

어떤 상황에서도 불평하거나 불만을 토해 내는 것이 아니라, 이겨 낼 방법을 연구해야 하고 공부로 삼아 극복할 수 있는 지혜를 찾아야 한다.

시대가 불안하다는 것은 새로운 시대정신을 찾아야 한다는 의미다. 그 누구도 스스로 틀린 길을 가려고 하는 것이 아닐진대 잘못된 신념과 생각으로 인생을 사니까 어려워진다.

바른길이 무엇인지 우리는 끊임없이 갈구해야 한다. 무식과 거짓은 한순간에 드러날 것이고 깊고 바르고 오묘한 법은 저절로 그 모습을 드러낸다.

누가 드러내느냐 하는 것이 중요한 것이 아니라 다 함께 그 기운이 충만해질 때 우리 삶은 진일보하지 않을까!

새로운 도전은 우리 앞에 항상 놓여 있다. 오늘 내 앞에 다가오는 인연이 그러하고 새로운 지식과 소통을 통해서 우리는 항상 새로운 인생을 도전하고 응전의 대가를 누리게 되리라.

15. 운용의 시대

바야흐로 유리알처럼 투명하고 다양한 융합의 시대가 되었다. 이제는 부를 축적하는 시대가 아니라 운용하는 시대다.

소통을 통한 새로운 문화의 창조는 이미 있는 기술을 재조합하고 필요에 맞게 재구성하는 노력이다.

우리는 깨어난 만큼 자유와 풍요를 누리게 되어 있다. 그저 가만히 있는데 주어지는 것은 없다. 높아진 안목만큼 누리고 세상을 경험하고 그 경험치를 가지고 오늘의 현실을 살아야 한다.

하루하루가 참 빠르게 변해 간다. 종잡을 수 없을 만큼 변해 가는 삶 속에서 누구를 위해서 무엇을 할 것인지 선택하는 건 참으로 중요하다.

최고의 변화는 어디서 시작되는가? 그것은 억지로 되는 것이 아니라 환경의 변화를 통해서 저절로 변해 가야 한다. 변화를 이끄는 힘, 그것은 자연의 에너지이기 때문이다. 내가 자연과 하나가 되고 자연의 법칙을 따르는 것이다.

우리가 잘살 수 있도록 인프라를 잘 구축해 놓은 세상이다. 우리 조상들의 한 맺힌 노력으로 무엇이든 배울 수 있고 누릴 수 있게 돈도 풍부하게 만들어 놓았고, 살아갈 수 있는 기반 시설도 잘 갖추어져 있다.

아직도 일해서 먹고살려고 하니 삶이 고달프다. 일해서 먹고살려고 하니 딱 그만큼만 보이는 것이다.

전 인류, 대우주가 우리를 위해서 엄청난 삶의 터전을 만들어 놓은 세상이다. 우리가 어떻게 활용하는지를 몰라 못 쓰고 못 누리고 있다. 그 활용의 신패러다임을 찾아 인류를 빛나게 하고 우리 삶도 빛나게 살다 가야 하는 진정한 홍익 세상이다.

내가 행복한 것이 우리 조상의 얼을 빛나게 하는 것이다.

모든 것을 공유하는 인터넷 세상이다. 필요한 거의 대부분의 정보는 두드리면 나온다. 내가 무엇을 원하든 알 수 있고 할 수 있고 누릴 수 있는 세상이다.

일해서 먹고살려고 하면 내 시야가 좁아져 아무것도 운용할 수 없다. 나의 것을 공유할수록 자연은 더 큰 에너지를 나에게 준다. 소통하면 모든 문제를 풀 수 있는 정법 시대가 되었다.

내 아픔이든 우리 문제든, 사회 문제든, 나라 문제이든, 인류 문제도 소통하면 다 풀린다. 모든 어려움과 문제를 풀 수 있는 인프라를 이미 구축해 놓았는데 우리 조직만 살려고 하면 바로 그 조직만 망하고 만다.

마음을 열어 함께 더불어 공존하는 바른길을 찾지 않으면 그 모순은 바로바로 드러나게 되어 있고, 그 대가를

치를 수밖에 없다.

지금은 생산의 시대가 아니다. 저축해서 모으는 시대가 아니다. 바른 운용을 통해서 즐겁고 기쁘고 행복한 생활을 하는 시대다.

모순과 한의 시대를 넘어 새로운 신패러다임을 열어서 다 함께 즐겁고 행복한 시대를 열어야 한다.

필요한 모든 정보가 공유되고 있다. 필요한 모든 인프라도 공유 경제 개념으로 가고 있다. 내가 가진 것을 활용하는 시대다. 필요한 사람에게 잘 쓰일 때 나는 더욱 성장하고 공생의 삶을 살 수 있다.

부족함이 없는 시대다. 물질의 풍요가 행복을 주고, 새로운 문화가 우리를 더욱 즐겁게 한다. 디테일한 아름다움을 추구하고 단순하면서도 기품 있는 색감을 되살린다.

신패러다임은 융합을 통해서 새로운 문화를 만들어 내어야 한다.

돈을 잘 운용하기도 해야 되지만 근본은 사람을 잘 운용해야 하는 시대다.

그때그때 잘못은 바로잡아가면서 서로를 존중하는 가운데 새로움은 늘 창조된다.

인성을 순화하고 나의 모순과 부족함을 고쳐 가기 위해 노력하면서 일하고 공부해 간다면 자연은 운용하고자 하는 바른 이념을 이루기 위해 모든 인연을 나에게 보내준다.

내가 운영하고자 하는 것에 신패러다임을 열어서 다함께 즐겁게 참여할 수 있는 장을 열어 주는 지도력을 갖추어야 한다. 그러면 그 속에 사람을 감동시키는 예술과 미학의 발전을 가져오게 된다.

16. 융합의 시대

우리는 저마다의 개성과 색깔을 가지고 있지만 혼자서 이루고자 하는 것은 한계가 있다. 각 분야 전문가의 안목을 융합해야 누구나 인정하는, 사회가 필요한 작품을 만들 수 있는 고질량의 시대가 되었다.

국세청이나 경찰 조직, 검찰과 정부 조직, 노동 조직이나 공무원 조직들 각자가 함께 잘 사는 세상을 만들기 위해서 저마다의 노력을 하고 있다. 아직은 온갖 부정과 모순이 있고, 자기의 역할을 다한다고 할 수 없지만 거대한 자연의 흐름은 바른 역할을 찾아가고 있다. 우리는 그러한 모순을 바로잡아 가는 저마다의 노력을 다해야 한다.

자연은 우리를 지켜 보고 있고, 세상도 점차 유리알처럼 맑고 밝아지고 있다. 저마다의 노력이 빛날 때 우리 사회도 빛나는 모습이 넘쳐 날 것이다.

권력과 언론의 모순을 보면서 저항할 수 없는 한계를 느끼는 것도 사실이지만 빠르게 변해 가는 가운데 정화는 이루어지고 있다고 믿고 싶다.

바른 명분이 아니면 오래 살아남을 수 없다. 진정한 인본 시대에는 사람이 중심이 되고 사람을 이롭게 하는 동반 성장이라야 이 사회가 알아주는 성공을 할 수 있다.

다양한 분야의 전문가들과 소통하며 살아야 융합할 수

있고, 그래야 살아남을 작품을 만들 수 있다. 우리 삶이 하나의 작품을 만들어 가는 예술의 시대, 문화의 시대가 되었음을 의미하기도 하는 것이다.

17. 자유로운 삶

　경제적인 자유, 시간의 자유, 건강의 자유, 관계의 자유를 느끼며 살고 싶은 것은 누구나 바라는 일이다. 하고 싶은 일을 하고, 내 좋은 사람들과 함께 즐겁게 보내고 충분한 휴식을 가지는 여유로운 삶을 우리는 꿈꾼다.

　원하는 것이 무엇이든 우리는 성취할 수 있다. 생각할 수 있고 실행할 수 있다. 시행착오는 있겠지만 방법을 찾아 연구하고 노력하면 이룰 수 있다. 꿈꾸지 않는 것이 문제다.

　남 탓하고, 환경을 탓하고, 게으름만 피우다 불평·불만만 한다면 어둠 속을 헤매고, 희생양으로 살다가 혹독하고 한스러운 굴레를 벗어나지 못하고 죽어 간다.

　천 리 길도 한 걸음부터 사소한 습관을 고치고 자기계발에 힘쓰고, 건강을 위해 소식과 운동, 영양의 균형, 스트레스 관리를 잘해야 한다.

　관계 속에서 행복을 발견하고 소통을 통해서 긍정의 기운을 잘 다스려 간다면 부와 명예, 지혜와 자유가 늘 함께한다. 즐겁고 기쁘고 행복 속에 살아야 죽어서도 빛나는 영혼신이 되어 또 다른 여행을 떠나게 된다.

　이생에서의 영혼의 무게만큼 그대로 차원 세계로 가게 된다. 모두가 자신이 지어서 스스로 가게 되는 것이다.

이 우주에서 일어나는 모든 것은 우리의 공업력에 영향을 받게 된다. 우리 주변에서 일어나는 모든 것도 나의 마음의 확장성으로 우리에게 오고 있다. 내 영혼의 성장이 자유를 준다.

가치를 창조하는 신패러다임을 찾고 열어야 한다. 지금껏 보지 못한 새로운 문화, 새로운 기술의 지혜를 열어야 한다. 모방과 창조, 배움과 실행을 통해서 새로움을 추구하는 열정이 있어야 한다.

18. 세상의 이치를 모르고
성공의 길을 갈 수 없다

 알고자 하는 열정과 노력이 있다면 자연은 항상 그 답을 알려준다. 내가 무엇을 알고자 하고 무엇을 하고자 하는지에 따라서 인연을 보내서 알게 하고 일이 이루어지게 하는 것이 하늘의 이치다.

 사람을 바르게 대하면 어마어마한 일이 벌어진다. 사람을 의심하고 함부로 대하면 자연은 그에게 준 선물을 거두어 다시 쉽게 주지 않는다.

 사람을 이롭게 하는 것을 즐겨 할 때 천군만마를 얻게 된다.

 세상의 이치를 모르고 잘 살 수 있는 길은 없다.

 자연에 불필요한 것은 없다. 모든 것이 있어서 우리는 성장하고 있다.

 우리가 어려운 것은 우리가 스스로 몰라서 부정해서 스스로 어렵게 만드는 것이지, 남이 어렵게 하는 법은 없다.

 자연이 어렵게 할 때는 깨우치게 하기 위한 배려이지, 그가 불필요한 존재라서 그런 것이 아니다.

 관계 속에서 모두가 인식의 주체로서 서로를 존중할 때 우리는 친구가 되고 가족이 된다. 둘이되 둘이 아닌 하나가 된다.

세상은 우릴 도울 수 있는 명분을 찾고 있다. 우리가 자연의 이치를 외면하지 않는다면…….

19. 빛나는 삶은 철학하는 삶이다

　세상을 있는 그대로 볼 수 있는 게 안목이다. 보고 싶은 대로 보는 것이 아니라, 보이는 대로 보는 것이다. 바르게 진단해야 바른 처방이 나오는 것처럼 삶에 대한 혜안을 갖는 것이 철학이고 인문학이다.
　관계의 본질을 알아야 제대로 대처할 수 있다.
　삶의 희로애락을 자유자재로 다루며 바르게 살아가는 힘은 영혼의 성장에 있다. 영혼의 성장은 철학하는 탁월한 안목을 갖게 한다.
　순간순간 자신을 통찰하고 세상을 통찰하는 노력을 해야 한다. 나에게 주어지는 환경을 흡수하고 알고자 하는 열망으로 연구하고 내가 해야 할 일을 제대로 찾아가는 과정이 필요하다.
　지금의 시대는 방대한 지식을 습득할 수 있고 인터넷을 활용할 수 있는 시대이다. 언제든지 필요한 지식을 불러올 수 있는 스마트폰을 잘 활용하는 삶이 일상이 되었다. 손안에서 거의 모든 일이 해결되는 편리한 세상이다. 인공지능이 할 수 있는 것을 잘 활용하고 사람이 할 수 있는 일은 더 지적으로, 더 철학적으로, 더 예술적으로 해야 한다.

20. 대자연의 법칙은 공도에 있다

 모든 인류는 하나의 생명이고 둘이 아니며 하나의 점을 위해서 산다. 모든 업을 소멸해서 원래의 생명 자리로 돌아가는 과정이다.

 누구도 미워하면 안 된다. 인류는 누구든지 행복한 세상을 지향해서 가야 하고 하나로 운영되어야 한다. 자타일시 성불하는 그 길을 위해서 홍익 이념으로 세상을 살아야 한다.

 누구든지 바르게 이끌어야 한다. 바르지 않은 것은 바로바로 드러나고 어려움을 겪게 된다.

 허튼 말을 하지 말고 세상에 빛이 되는 생각과 말을 해야 한다. 말하는 대로 이루어지는 세상이다.

 역행하는 탁함은 스스로 알아서 정화하고 빠르게 순행하는 삶의 물결로 돌아와야 한다.

 우리는 역행하는 탁함이 있기 때문에 인간으로 이 지상에 온 것이다. 이제는 그 업을 불태우고 녹여서 거룩한 여정, 찬란한 미래, 위대한 사랑을 실천하며 살아야 하리…….

 인류가 하나 되는 길은 우리가 다 영적으로 연결되어 있고 하나의 공동 운명체임을 자각하는 길이다.

 너의 아픔이 나의 아픔과 무관하지 않고 모두가 이로

운 삶을 지향하며 살아갈 때, 대자연의 법칙에 순응하는 지극한 복을 누리게 된다.

21. 현실은 항상 옳다

자연의 순리를 인정하고 현실을 있는 그대로 수용한다. 사실을 사실 그대로 바라보고 내가 보고 싶은 대로 세상을 보려는 습성을 내려놓아야 한다. 보고 싶은 대로 세상을 보면 세상을 변화시킬 수 있는 지혜가 나오지 않는다. 고정 관념에 사로잡히기 때문이다.

현실의 바탕 위에 원인에 대한 진단과 연구가 필요하다. 새로운 패러다임으로 세상을 운용하는 지혜는 세상의 모순에 대한 바른 진단과 해결 방안에 대한 폭넓은 이해를 필요로 한다.

내 생각이 옳다는 독선과 무지를 내려놓고 상대를 존중하면서 서로 의논을 통해서 주어진 상황을 있는 그대로 바라보려는 용기가 필요하다.

사실의 바탕 위에서 우리가 원하는 세상으로 그림을 그리고 그것을 완성해 가는 과정이 오늘의 현실이다. 현실을 수용해서 더 나은 내일을 꿈꾸는 삶에는 희망으로 가득하다.

22. 성불의 원리

　기도한다고 성불하는 시대는 지났다. 지금은 지식과 과학 시대이다. 나에게 온 인연을 이롭게 하는 행위를 했을 때 자연이 주는 성불은 자연스럽게 오며 더 큰 일을 할 수 있는 기회를 준다.

　움켜쥐려고 하면 달아난다. 잘 활용해서 세상에 득이 되게 운영하는 지혜를 열면 무궁무진하게 성장할 수 있는 기회를 준다. 명분과 초심을 잃지 않고 다가오는 인연을 잘 대하기만 하면 순풍에 돛단배처럼 즐겁고 기쁘게 우리 인생을 살아갈 수 있다.

　자연이 주는 성불은 자연의 이치에 맞게 살아갈 때 자연스럽게 온다.

　어떻게 대하는 것이 상대를 이롭게 하는 것인가를 생각하고 공부해야 한다.

　내가 원하는 것과 상대가 원하는 것을 표현하고 나눌 수 있어야 한다.

　나의 문제와 당신의 문제를 허심탄회하게 나누면 그 속에서 지혜가 나온다.

　하루하루 재미있게 일하고 공부하고 운동하고 잠자고 맛있게 먹고 편안하게 쉬면서 내가 있는 공간을 맑고 밝게 만들어 가면 그것이 자연이 최고로 원하는 일이다.

내가 즐거우면 하늘도 즐겁고 내가 우울하면 하늘도 우울하다. 내가 곧 신이고 하늘이고 자연이기 때문이다.

23. 자연이 주는 벌

사의 기운이 쌓일 만큼 높아지면 정확하게 사고가 일어난다. 작은 사고가 일어날 때 자신을 돌아보지 않으면 점점 더 큰 사고가 일어난다. 사고가 일어나는 것은 자연의 법칙에 따라서 사는 것이 아니라, 나의 고집으로 자연에 역행하는 삶을 살고 있음을 알려 주는 신호이다.

전 세계적인 코로나 팬데믹이 일어난 것도 세계적인 차원에서 삶의 혁신을 일으켜 새로운 삶의 길을 찾으라는 대자연의 경고이다.

개인의 삶이 어려운 것도 자연에 역행하는 기운이 쌓였음을 알려 주는 자연의 배려이다. 자연은 우리를 위해서 움직이지, 우리가 미워서 벌을 주는 것이 아니다. 바르게 이끌고자 하는 부모의 마음처럼 우리를 살피고 아끼고 애지중지하는 마음으로 피눈물을 흘리면서 우리를 벌주고 있다.

지구별이 빛나기 위해서는 우주의 에너지를 흡수하여 내공을 채워야 한다. 자체 발광을 위해서는 우리 각자가 내공을 채워 빛나는 삶을 살아야 한다.

사고라는 큰 희생을 통해서 새로운 삶의 방식을 가져가기 위한 눈물겨운 노력을 지금부터라도 해야 한다.

작은 노력이 쌓이고 쌓여 물리가 터지는 피눈물 나는 바른 노력으로 정진해 가야 하리.

V. 일상
간과하기 쉽지만 제일 소중한 것

1. Nature in space

네이처 인 스페이스.
공간 속의 자연.

곽희수 건축가님의 건축 특징은 공간을 통해서 자연을 향유하는 것이다. 우주적 공간을 건축을 통해서 우리가 머무는 공간 속으로 가져오고 그 속에서 자연과 소통하는 것이다.

그의 건축은 공간 속으로 자연을 끌고 오는 건축가의 철학으로 탄생한 공간이다.

공간은 모든 것을 포함하면서도 서로 유기적으로 연결되어 있고 소통하고 있다.

공간이 주는 시원함과 웅장함은 자연을 담고자 했던 건축가의 안목이고 열정이다.

건축에서 공간이 주는 의미는 무엇일까?

카페는 커피와 빵을 파는 공간이기도 하면서 공간을 파는 사업이기도 하다.

우리는 왜 건축에 감동과 기운을 받게 될까? 공간이 주는 공간감과 시원함은 나의 정체성을 규정하는 공간이기도 하기 때문이다.

왜 그 속에서 우리는 안정감과 휴식을 취하게 될까?

내가 머무는 공간이 나의 공간이라는 느낌 때문이다.

자연 속에 내가 있고 그 자연을 내가 다 나의 공간으로 받아들인다면 우리는 어디에 있어도 즐겁고 편안하다.

내가 접근할 수 없는 공간이라면 그곳은 우리에게 친밀감으로 다가오지 않는다.

우리가 잔디밭을 좋아하는 까닭은 내가 점유하고 놀 수 있는 어린 동심을 자극하기 때문이다.

건축이 자연과 우리를 잇는 소통의 통로를 놓아준다면 우리는 해방감과 시원함을 느끼고 그 공간을 사랑하게 된다.

건축이 주는 공간의 의미는 우리에게 특별한 자연을 경험하게 하는 데 있다.

2. 오늘의 현실을 알고 수용해야 더 나은 내일이 온다

현재의 나를 아는 것이 진짜 나를 아는 것이다. 과거와 미래의 나에 현혹되어 오늘을 산다면 거짓된 나로 사는 것이다.

지금 여기에서 나를 알고 있는 그대로 통찰하여 살아 있는 나를 만나서 희로애락을 함께한다면 그것이 진실이고 예술이고 삶의 작품이 된다.

부족하면 부족한 대로 사랑하고 허용하고 감싸 안아주자. 내가 나를 사랑할 때, 상대의 모습도 있는 그대로 바라보는 혜안이 생긴다.

나 스스로 자신을 인식하지 못한다면 나의 삶이 아닌 가상의 삶, 허망한 삶을 갈구하다 자신의 모습도 알지 못한 채 거품의 삶으로 끝나 버리고 만다.

나의 욕구를 만나서 그 욕구를 실현하는 삶은 가슴 벅찬 삶이다. 육신으로 말미암아 일어나는 욕구도 나의 영혼이 있어 일어나는 자연스러운 감정이다. 육신이 있어서 괴로움도 있지만 육신이 있어서 이루고 성취할 수 있는 에너지의 힘이 있다. 그리고 그 힘은 무엇이든 할 수 있는 무한 가능성이다.

우리 본래의 생명력으로 되돌아가는 중간 매체가 바로

우리의 육신이다. 나의 육신도 사랑으로 품어주고 미숙한 영혼도 스스로 품어 줄 때, 우리 본래의 생명력과 더욱 가까이 다가가는 끌어당김의 힘을 알게 되지 않을까 생각해 본다.

3. 화합의 시대

코로나 감염병이 서서히 마무리되고 있는 시점이다. 물가는 고공행진을 하고 있고 덩달아 금리까지 오르면서 서민들의 삶이 더욱 힘들어지고 있다. 우크라이나 전쟁도 위험 수위가 점점 커지고 희생자도 늘어나고 있다. 국내외 어려운 상황 가운데 검수완박 법안이 발의되어 여야 대치가 극한으로 치닫고 있다. 국민을 위한 민생과 새로운 화합을 모색해야 할 시점에 동서와 남북의 갈등이 최고조로 흘러가고 있다. 국제 사회의 패권 전쟁도 노골적이다. 난민의 문제와 기아의 문제가 다직도 해결의 실마리를 찾지 못하고 있다. 희망과 공포가 함께 우리 삶 깊게 침투하고 있다. 이 모든 난제를 안고 출발한 윤석열 정부에 대한 시선도 기대 반 우려 반이다.

그러나 이제는 새로운 시대, 화합의 시대를 맞이해야 한다. 갑이 을을 위해서 먼저 손을 내밀고 하나 되어 가기 위해 노력해야 한다. 정부가 국민을 위해서 바르게 정치를 해야 한다. 작은 정부를 지향해서 불필요한 지출을 줄이고 기업을 살리기 위한 노력을 해야 한다.

기업은 직원의 성장을 위해서 노력해야 한다. 개인의 성장과 가정의 행복이 사회 발전을 이끄는 원동력이 되어야 한다.

한쪽이 영웅이 되는 시대가 아니라 모두가 영웅이 되는 시대를 만들어야 한다. 갑이 을을 품어주어야 해결의 실마리를 찾는다. 불합리하고 생떼를 부린다고 사탕을 주는 정치는 끝내야 한다. 의논과 소통을 통해서 합리성을 찾아가는 실력자가 나와야 한다.

4. 나의 노력이 대자연의 의도에 맞도록 삶의 철학과 가치관을 개발해 가야 한다

국민의 뜻에 따라 정치를 한다는 것은 그것이 대자연의 길이기 때문이다.

내 앞에 오는 한 사람과 하나 되어 가기 위한 노력을 통해서 오늘의 어려움을 극복해 가야 한다.

줄 수 있는 것을 먼저 주고 때를 기다리는 품성을 가져야 한다.

나의 즐거움과 기쁨을 누구보다 바라는 것이 대자연의 바람이다.

천부의 삶을 추구하는 삶을 통해서 편안함과 자유로운 삶이 될 것이다.

무엇을 어떻게 해야 할지 난감할 댄 조용히 바라보는 휴식이 필요하다.

쉬고 또 쉬는 가운데 나의 삶을 찾아야 하리.

5. 양적 성장에서 질적 변화의 시대

정치는 대통령이나 시장, 국회 의원이 이끄는 시대에서 국민의 뜻에 따라 국민을 위한 정치를 하는 시대로 가야 한다. 민심을 외면한 정치는 환영받지 못하고 자연으로부터 그 대가를 받는다.

시민의 뜻을 반영한 정치의 구현을 위해서 민관위원회 설치는 좋은 의도라 할 수 있다. 정말로 각 분야의 실력 있는 전문가의 조언을 구해서 계속 업그레이드해 간다면 새로운 모델이 될 수 있다. 하나의 권력 기관이 되어 버린다면 무용지물이 될 수 있겠지만, 그 근본 취지는 각 지자체에서도 본받을 만하다.

지자체장들의 추종 세력이 되어 버린 관변 단체는 더 이상 필요 없다. 시민을 위한 시민 단체가 새롭게 일어나야 한다. 시민의 뜻에 따라 시민 운동을 하는, 시민이 즐겁고 행복할 수 있는 길을 찾고 연구하는, 그래서 더욱 건강한 사회가 되어야 한다.

국회 의원이 지역이 나아가야 할 바를 고심하고, 입법을 발의해 지역을 살리기 위해서는 뜻있는 지식인들이 나서야 한다.

개인의 성장이 어느 정도 이루어지고 나면 사회를 돌아보아야 하고 함께 고민하고 연구하는 문화가 만들어져야 한다.

건강한 시민 단체가 정부 조직과 기업들과 함께 문제를 풀어간다면 복지 국가의 기틀을 마련할 수 있을 것이다.

국민이 국가의 주인으로서 역할을 해야 할 때가 오고 있는 것이다.

6. 다이어트 시대다

결핍의 시대를 지나서 이제는 풍요의 시대, 칼로리 과잉의 시대다. 영양의 균형을 맞추면서 적당히 먹는 연습이 필요하다. 에너지 소모는 작아지는데 먹는 것을 줄이지 못하면 내장 지방과 피하 지방이 축적되어 복부 비만이 되기 쉽다. 일단 체중이 늘어나면 빼기가 쉽지 않다.

저녁마다 야식의 유혹을 견디기가 어렵다. 아침을 간단히 먹으면 점심때 허기가 지고 생각 없이 먹다 보면 배가 불러오고 포만감과 피곤이 몰려온다. 열심히 소화를 하고 나면 저녁에도 허기가 찾아온다. 이 악순환의 고리를 끊기 위해서는 소식의 습관이 필요하다.

혈당의 급격한 상승을 막아야 한다. 혈당이 천천히 올라가고 천천히 내려올 수 있도록 단순당보다는 복합당을 주로 먹어야 한다. 가능한 가공이 덜된 현미 잡곡을 먹는 게 좋다. 스트레스로 인한 탄수화물의 폭식을 조절해야 한다. 자칫 탄수화물의 단맛에 중독될 수도 있기 때문이다.

꾸준한 에너지 사용 증가를 위해서 꾸준한 운동이 필요하다. 운동도 땀을 흠뻑 나게 한 번씩 해주면서 유산소 운동을 꾸준히 해주면 좋다.

식이섬유와 유산균의 충분한 섭취도 도움이 된다. 복합 비타민과 미네랄, 비타민C, 오메가3, 코엔자임 Q10,

눈 영양제 등등 충분한 영양의 균형을 맞추어 준다면 피로를 극복하고 활기찬 시간을 보낼 수 있다.

지방을 가공을 하거나 튀기면 트랜스 지방으로 변하면서 우리 세포 벽을 딱딱하게 하고 기능을 잃어버리게 한다. 단백질은 매일매일 적당량 먹어주면 좋다.

알면서도 쉽지 않은 것이 식생활 습관이다.

스트레스를 삶의 일부로 받아들이고 재미있게 살기 위한 노력을 해간다면 건강한 100세 시대를 맞이하게 될 것이다.

7. 현재에 충실하기

　삶은 다양한 시절 인연으로 다가온다. 선의를 가지고 다가오는 인연도 있고 나를 점검하기 위해서 오는 인연도 있다. 나를 더욱 성장시키고 단단하게 하는 것은 나를 흔들어 보는 인연이다. 내가 흔들리지 않는다면 나의 철학이 성숙한 까닭이고 흔들린다면 아직도 내가 살아가야 할 길을 발견하지 못한 까닭이다.

　지금 현재 나를 둘러싸고 있는 환경이 나다. 내가 나 되기에 가장 적합한 환경이고, 나의 부족함을 메꾸어 가면서도 가장 나답게 재미있게 살아갈 수 있는 환경이다.

　오늘 나에게 주어진 환경에 감사하고 주위에 함께하는 인연들에게도 감사하다.

　이보다 더 좋을 수는 없다. 이것보다 더 좋은 환경을 바란다면 그것은 나의 욕심이고 남의 것을 탐내는 것이고 세상을 탓하는 것이다.

　지금 나에게 주어진 환경에서 우리는 충분히 일어날 수 있고 성장할 수 있다.

　환경을 나의 것으로 받아들일 때 놀라운 변화의 기적은 시작된다.

8. 완전한 건강과 빛나는 삶

　나이가 들면 노화가 되고 병이 든다는 것은 이제 상식이 아니다. 노화를 예방하고 병이 없는 삶을 살다가 때가 되면 본래의 자리로 돌아가는 삶을 살아야 한다.

　인생을 재미있게 살기 위해서 노력한다면 스트레스를 극복하고 건강하게 살 수 있다. 인체는 자생력을 가지고 있어 충분히 잘 관리하면 건강하고 빛나는 삶을 살 수 있다.

　근육을 유지하기 위해 꾸준한 운동이 필요하다.

　충분한 수면은 피로 회복에 많은 도움이 된다.

　충분한 물을 섭취하면서 영양의 균형을 잘 맞추어 주면 활력 넘치는 삶을 살 수 있다. 너무 과식하지 않고 너무 허기지지 않으면서 적당히 먹는 식습관은 매우 중요하다.

　자연식을 주로 하면서 좋은 단백질과 지방과 탄수화물을 섭취하고, 대사를 도와주는 비타민과 미네랄, 코엔자임 Q10 등등 영양의 균형을 잘 섭취한다면 건강하고 활기찬 삶을 살아갈 수 있다.

　과음을 하거나 과식을 했을 때는 충분한 항산화제를 먹어주고 금식을 16시간 정도 해준다면 충분한 해독과 소화를 잘 해내고 새롭게 바이오리듬을 회복할 수 있다.

스트레스를 받으면 폭식을 하거나 과음을 하기 쉽다. 스트레스를 쌓아두기보다 바로바로 해소하는 삶의 지혜가 필요하다.

현실에 다가오는 미션을 자연이 주는 선물이라고 생각하고 잘 받아들여 실행한다면 나날이 성숙해지는 삶을 맞이하게 된다.

완전한 건강과 빛나는 삶은 이제 꿈이 아니다.

실현 가능하고, 가능하다고 생각하는 만큼 성취할 수 있다.

9. 철학이 답이다

 무엇을 위해서 살아야 하고 누구를 위해서 살아야 하는가? 나는 누구인가? 왜 사느냐?

 누군가가 물어 온다면 참으로 난감한 질문이라 말문이 막힌다. 그러한 물음이 나에게 있어야 철학하는 삶이고 시원한 해답을 만났을 때 우리는 희망을 보게 된다.

 개인의 삶이 개인에 그치지 않고 사회에 미치는 영향이 적지 않은 세상이다. 특히나 사회적인 지위가 높을수록 공공선의 실현을 위해서 더욱 엄격해지는 것이 현실이다.

 자기 본위의 삶에 빠져서 남을 배려하지 않는다면 소시오패스적인 삶을 살아가기 쉽다.

 내 앞에 오는 인연을 위해서 사는 것과 내 앞에 오는 인연을 이용해서 나의 이득을 추구하고자 하는 삶은 다르다. 내 앞에 오는 인연과 하나 되기 위한 노력은 더욱더 큰 공공성을 위한 문화로 성장해 간다.

 상대에게 인정받고 사랑을 받을 때 더욱 우리는 자신을 사랑하게 되고 즐거움을 느끼게 된다. 혼자서 자신을 사랑하고 혼자서 즐거움을 찾아보지만 더욱 깊은 외로움만이 몰려올 뿐이다.

 내 영혼의 성장을 위해서 살고 내 앞에 오는 인연을 위해서 나의 에너지를 줄 수 있어야 한다.

더 많이 줄수록 더 많은 에너지가 나에게 생긴다.

세상을 살아가는 지혜가 그 어느 때보다 절실하다.

지혜가 부족하면 바로바로 막히는 삶의 연속이다.

막힘을 통찰하여 나의 부족함을 알아 가는 철학자가 되어야 한다.

10. 지금부터 다시 시작이다

　새로운 인생은 마음먹기 나름이다.
　오늘까지 나를 있게 한 인연의 소중함을 생각해 본다. 좋은 인연들이 대부분이지만 탁한 인연들도 있다. 내가 무지하기 때문에 당한 인연들도 있었다.
　남에게 냉철하게 대해야 할 때가 많다. 지금 당장은 불편해도 직면해야 하는 순간들이다.
　바르게 대하고 바르게 나누도록 나를 더욱 튼튼하게 갖추어 가야 한다. 고마운 분들께는 고마움을 전하면서 바르게 대처해 가는 삶의 지혜를 읽어 가야 한다.
　내가 손해 보고 마는 나약함이 아니라, 상황을 좀 더 객관적으로 바라보는 통찰이 필요하다.
　상대를 존중하고, 위해서 살아가는 멋진 삶을 살아보자. 재미있게 살고 뜻있게 살아가는 삶을 살아보자.

11. 사이드 잡

 본업에 충실해야 한다. 본업 하나만 잘하기도 힘들다. 그럼에도 불구하고 본업만 잘해서는 확장성이 줄어든다. 본업을 열심히 하면서도 세상에 재미있고 멋있는 일들을 찾아 모험을 해야 한다.

 정말로 큰 성과는 본업에서 나는 것이 아니다. 본업이 기본이 되어 성장할 때, 사이드 잡이 기하급수적으로 성장하면서 사업은 확장성을 가지고 커 간다. 그럼에도 불구하고 본업을 잘 지켜야 한다.

 본업과 사이드 잡의 융합으로 사업은 더욱 상생으로 성장한다.

 난 오랜 세월 공부하는 것이 재미가 있었고 책을 쓰는 게 재미가 있었다. 사람을 만나는 게 좋고 정신없이 운동을 하는 게 좋다. 본업은 본업대로 충실하게 하면서도 가슴 뛰게 하는 삶은 주로 사이드 잡에 빠져 지낼 때다.

 지금은 건축에 빠졌다. 공간을 만드는 건축가의 안목, 그것을 실현하는 시공의 디테일, 건축을 더욱 돋보이게 하는 인테리어, 건물의 품격을 만들어 주는 조경, 그 모든 것이 하나의 철학으로 연결될 때 아름다운 하나의 건축물이 탄생한다. 건축가와 시공자와 건축주의 소통과 조화가 너무도 중요함을 절감한다.

12. 인생은 성숙의 과정이다

봄이 되면 꽃이 피고, 여름이면 열정을 불태우고, 가을이면 열매를 맺고, 겨울이 오면 자신을 살펴서 새로운 봄을 맞이할 준비를 한다.

21세까지는 부모의 그늘에서 자라지만 뜻을 세워야 한다. 성인이 되면 자신의 삶을 살아야 한다. 40대가 되면 자연으로부터 점검을 받는다. 50대가 되면 지천명이라 자연의 이치를 알아야 한다. 60대가 되면 이순이라 편안함이 극치를 이루어야 한다. 70대가 되면 하고자 하는 대로 행해도 자연의 이치를 벗어나지 않아야 한다. 나머지 인생은 더욱 건강하고 재미있게 즐겁고 기쁘고 행복하게 인생을 살아야 한다.

이것이 생로병사가 아니라, 생행복사의 삶이다. 태어나서 행복하고 복되게 살다가 육신의 죽음을 맞이하여 영혼을 성숙시켜야 하는 인생이다.

13. 하루를 일 년처럼 소중하게 보내라

하루를 일 년처럼 소중하게 보내라. 나 자신에게 그렇게 말해 보면 시간의 소중함을 알게 된다.

나는 어떤 삶을 살아왔고 또 어떤 삶을 살려고 하는가? 내가 진정으로 원하는 삶을 살고 있는가? 나에게 주어진 상황이 나에게 어떤 의미를 주고, 그 어려움을 통해서 일깨우고자 하는 나의 무지는 무엇인가? 세상이 나에게 요구하는 시대적인 사명은 무엇인가? 시방 나의 느낌은 어떠한가? 한 편의 영화가 한 사람의 일생을 보여주듯이 나의 삶도 오늘 하루에 모든 것이 담겨 있는 것은 아닐까?

오늘을 즐기며 사는 인생, 나의 모자람을 성찰하는 멋진 하루이길 희망해 본다.

우리에게 일어나는 모든 일은 자연이 주는 선물이다. 우리에게 주어진 상황에 감사하고, 우리가 만나는 사람을 소중하게 대한다면 새로운 길은 항상 준비되어 있다.

내 앞에 있는 사람을 존중하고 그를 인정하는 삶을 살면 우리는 항상 자유롭고 자신을 갖추어 가는 것이다.

14. 아름다운 삶 (1)

삶은
내가 원하는 것과
나의 본질을 알아 가는 과정이다.
내 가슴을 뛰게 하는 일.
내 영혼의 위대함에 눈뜨는 것 외에
더 무엇을 구할 것인가?

우리에게 주어진 자연에 대한 무한 긍정의 삶,
그 속에서 내가 지금 여기에서 살아간다는 것은
아름다움을 창조하는 과정이다.

아름다움은 편안함에서 오는 것이 아니라
환골탈태의 고통, 노력을 통해서 온다.
하나하나가 쌓여서
매일매일의 거듭된 노력을 통해서
완전한 건강과
완전한 행복이
본래 우리의 모습임을 알아차리는 것이다.

육신을 받아서 이곳 지상에서 사람의 도리를 다할 때

우린 이 땅에 온 사명을 다 하게 되는 것이다.

우린 무수한 세월을 진화하면서 성장해 왔고
본래의 나로, 온전한 대자연과 하나가 되어 가는
과정에 있는 것이다.

우리 모두는 하나의 고향에서 왔고
그 누구라도 제쳐두고 온전한 존재로 성장할 수 없다.

온전한 사랑으로 나의 삶을 살고,
세상 모두의 행복을 위하고,
내게 주어진 사명을
즐겁고 기꺼이 살아가는 아름다운 삶이길…….

15. 아름다운 삶 (2)

산다는 것은 온 정성을 다하여
흔들림 없는 열망을 발견해서 노력하고,
나와 우주의 존재를 알아 가고,
이웃을 위해 살고,
인류를 위해서 끊임없이 자신을 불태우는 과정이다.

사실과 생각을 분별하고, 느낌에 깨어 있으므로
존재의 즐거움과 기쁨, 행복을 누리면서
가슴 뛰는 삶을 사는 것.
그 뜨거운 열정 가운데서도 평온하고,
희망으로 충만하며
자신을 갖추어 가는 삶.
삶을 산다는 것은 이처럼 아름다운 수행의 과정을 거쳐서
본래로 온전한
내가 되고 네가 되어 우리가 되어 가는 정화의 과정이다.

냇물이 끊임없이 흘러서 바다에 이르듯이
우리는 하나의 생명으로 되돌아가야만 하는 운명.

누구 하나 버리고는 온전한 존재가 될 수 없는 한 생명.

대자연의 온전한 흐름을 알기까지 우리는
날마다 새로워지는 자기 혁명의 과정을 거쳐야 하리.

배울 수 있고, 완성해 가는 즐거움 속에
오늘 하루도 나 자신의 모순을 밝혀 가고
깨달아서 한 걸음 더 자유로워지길
축원드립니다.

16. 어떻게 살 것인가?

내가 진정 원하는 삶은 무엇인가?
나는 누구인가?
어떻게 성장할 것인가?
어떻게 즐겁고 기쁘고 행복한 삶을 만들어갈 것인가?
나는 오늘 하루를 얼마나 가슴 뛰는 삶을 살고 있고,
또 얼마나 뜨거운 열정으로 살아가려고 노력하는가?

삶을 사랑하고 있는가?
자신을 사랑하고 있는가?
자신을 믿고 있는가?
꿈꾸는 소망은 있는가?
이웃을 사랑하고 조국을 사랑하고 인류를 사랑하고 있는가?

아! 숨채이오.

17. 가슴 뛰는 삶

내 가슴을 뛰게 하는 일을 만나면 두려움은 사라지고 확신만이 남게 된다. 그럼에도 불구하고 그 일을 하면서 온갖 어려움들이 찾아온다.

내 가슴을 뛰게 했던 일이 이제는 더 이상 나를 감동시킬 수 없을 때 우리는 새로운 변화를 시도한다.

첫사랑 그녀를 만났던 순간, 내 심장은 뛰고 있었다.

첫 아이의 탄생을 맞이하여 내 심장은 뛰고 있었다.

새로운 인생을 맞이하게 되면 내 삶의 열정은 불타고 있었다.

미용 성형을 만났을 때도 내 가슴은 확신에 차 있었고, 평생 내가 해야 할 일임을 직감했다.

나오시마를 여행하던 중 모네의 「수련」 작품을 만났을 때 내 심장은 알 수 없는 기운으로 가득 차 있었다.

안도 다다오의 건축물에 모네의 작품이 만나 어우러지는 그 감동은 쉽게 사라지지 않았고, 안도 다다오의 건축을 짓고 싶다는 열망을 갖게 했다.

노출 콘크리트에 매료되었고 자연과 하나 된 건축물에서 느껴지는 감동이 있었다.

그 감동을 살려서 살아 있는 건축물을 만나는 즐거움을 경험하곤 한다. 안도 다다오를 뛰어넘는 건축가를 한국에서 만날 수 있다는 것은 커다란 영광이자 기쁨이다.

　이데아의 세계를 꿈꾸는 예술가가 아니라 현실에서 편안함과 기쁨을 주고자 하는 소박하지만 위대한 건축가를 만날 수 있는 내 가슴은 뛰고 있다.

18. 변화와 성장

 문화적 감동이 있어야 사람들이 움직인다.
 멋진 경치와 가슴속 뜨거운 열정을 느끼게 하는 멋진 건축과 공간이 주는 색다른 감동을 느끼기에 충분한 카페를 만났다.
 자연의 지형을 그대로 살려서 분위기를 창조하는 엄청난 카페 문화가 젊음과 낭만을 느끼기에 충분했다.
 커피와 음료가 썩 마음에 들지 않았지만 분위기가 주는 감동은 엄청 좋았다.
 한여름의 뜨거움을 삼키고도 남을 멋진 건축과 인테리어와 조경에 박수와 찬사를 보내고 싶다. 이런 멋진 건축이 대한민국 전역에 조금씩 퍼져 가는 것 같아 더 기대되고 설렌다.
 건축은 철학이고 예술이다.

19. 인생

우리가 살아가는 삶은 우리 하기 나름이다.

내가 지어 내가 받는 것, 그것이 인생이다.

우연히 태어난 것 같아도, 우연히 만난 것 같아도, 다 때가 되어 만나고 헤어지며 살아가는 게 인생이다.

내가 도울 수 있고 변화시킬 수 있는 힘이 있다면 도와주고 성장하도록 노력해야 한다. 내가 도울 수 없고 변화시킬 수 없다면 때를 기다리는 힘이 필요하다.

하루하루 내 삶을 재미있고 행복하게 살아가다 보면 내가 할 수 있고 하고 싶은 일을 만나게 된다. 그 일을 통해서 나는 나다워지고 새롭게 성장하는 자신을 보게 된다.

우리는 성장을 통해서 인생살이가 더 풍족해지고 새로운 영감을 만나게 된다.

나이 90이 넘어서도 생명이 남아 있다면 성장하는 삶을 살다가 죽음을 맞이하고 싶다. 100세가 넘어서도 새로운 취미를 발견하고 기뻐하는 삶을 살고 싶다.

남의 인생을 탓하다가 내 삶을 놓치고 싶진 않다.

미래를 꿈꾸고 오늘의 삶을 통찰해 간다면, 약간의 실수는 있어도 커다란 맥에서 유의미한 인생유상의 삶을 살 수 있으리라 생각해 본다.

나라를 위해서 인류를 위해서 사회를 위해서 나를 찾

아오는 이웃을 위해서 내가 할 수 있는 일을 하며 할 수 있을 때 유의미한 일을 하며 살고 싶다.

안타까운 일들이 많지만 유리알처럼 투명해져 가는 세상이다.

운용의 지혜가 있는 자에게 무한한 기회가 주어지는 세상이다.

나에게 지혜가 나올 때까지 내가 할 수 있는 일을 하는 게 인생이 아닐까 생각해 본다.

20. 나는 누구인가?

나는 어떻게 살아야 하는가?
나는 무엇을 위해서 살아야 하는가?
나의 삶의 목적은 무엇인가?
행복하고 신나는 삶은 가능한가?
어려움은 왜 오는가?
우리 삶의 근원적인 물음을 다시금 던져 본다.
가을이 오고 있고 이미 가을이다.
어제는 망나니로 살았더라도 오늘 마음을 고쳐먹고 다르게 살 수 있는 것이 사람이다.
바르게 살기 위해 고민하고 노력한다면 희망은 항상 있다.
가지고 온 역량과 그릇이 부족하다 해도 바른 노력으로 세상의 이치를 알게 되면 여유롭게 살아갈 수 있는 것이 인생이다.
세상의 희망이 되고 국민들이 필요로 하는 문제를 해결해 주는 능력과 실력을 갖추어 가야 한다.
누군가에게 이로움을 주는 운영의 주체가 되지 못한다면 더 이상의 확장성을 가져갈 수 없다.
누구에게 어떤 이로움을 주고자 하는가?
그 속에 무수한 사업의 아이템이 있고 아이템만으로

되는 것이 아니라, 그 아이템을 실행할 수 있는 시장이 있어야 한다.

얼마나 많은 사람들을 감동시킬 수 있느냐에 따라 경제적 수익과 존중과 존경의 질량이 만들어지고 그 질량만큼 성공한 삶이라 할 수 있다.

공익이 배제된 사업은 아무리 수입이 많아도 장사꾼에 지나지 않고 그 부 또한 오래가지 못한다.

이제 시대는 국민에 의해서 심판받고 국민에 의해서 존경을 받는 국민이 주인인 대한민국의 시대이다.

대한민국이 질서를 빠르게 잡아야 세계 평화와 인류 공영의 새로운 전성기를 맞이하게 될 것이다.

내 존재의 본질을 밝히고 너와 나의 관계를 바로잡아 간다면 우리 삶의 열쇠는 저절로 풀리게 될 것이다.

21. 힐링의 삶

오늘 하루의 삶이 힐링이 되고 내공을 갖추어 가는 순간순간이기를 희망해 본다. 바쁘면 바쁜 대로 감사하게 받아들이고, 한가하면 충분한 휴식과 밀린 공부를 하면서 부족함을 알아 가는 시간을 보내고 있으면 순식간에 하루가 흘러가 버린다.

어제 충분히 흘린 땀방울 때문에 몸은 무겁고 뻐근하지만 기분은 좋다.

내가 해야 하는 일의 양은 늘어나지만 그만큼 에너지도 충만해진다.

아침 일찍 일어나 고마운 친구와 FT 운동을 하고 해장국 한 그릇을 하는 기쁨이 참 좋다. 식후에 짧은 시간이지만 또 한 번의 숙면을 취하고 일어나면 몸이 개운해진다.

즐거운 일터에서 가족처럼 지내는 직원들과 30분 조회를 하고 난 후의 뿌듯함이 참 좋다.

일과 시간에는 항상 새로운 미팅의 시간이고 아름다움을 창조하는 시간이다.

수술을 하고 나면 작품을 완성한 후에 느끼는 카타르시스가 있다.

일과를 마치면 거의 아내와의 데이트 시간이다. 내 일과 중에 가장 기대되고 기쁜 순간이다. 못다 한 얘기를 나누고 미래에 대한 비전을 공유하는 시간은 상상의 나래를 펴는 시간이다. 때때로 제발 좀 쉬자고 하면서도 새로운 도전을 멈추지 않는 우리의 시간이 참 소중하다.

저녁 데이트가 끝나면 각자의 시간을 가진다. 나는 주로 글을 쓰거나 강의를 듣는다. 새로운 주제를 만나고 새로운 세상에 빠진다.

아쉽지만 몸이 피곤해 오면 잠자리에 들 수밖에 없다. 좀 더 건강하고 재미있게 살기 위해서 나는 어떻게 살아야 할까? 늘 하는 고민이지만 정답은 없다. 내가 하고픈 나의 삶이 힐링이 되길 바랄 뿐이다.

22. 인생의 목적은 무엇인가?

　무엇 때문에 태어나서 인생을 살고 있는가? 우리 인생의 목적은 우리 영혼의 정화와 성장에 있다. 내가 갖춘 질량 이상의 삶을 살아갈 순 없다. 우리의 선택은 항상 최선을 다하지만 부족함이 많다. 그럼에도 불구하고 나의 선택은 나의 삶이고 고귀하고 소중한 경험이다.
　내 영혼의 성장은 나에게 주어진 환경 속에서 일어난다. 내게 준 자연의 환경은 내가 성장하기에 가장 적합한 환경이고 내가 만들어 온 환경이다.
　배우기 위해서 도전하고 노력하는 것은 아름다운 일이다. 명작을 만드는 일은 무슨 일을 하더라도 디테일의 차이다. 사소한 것의 차이가 안목이고 열정이다.
　내가 할 수 있는 최선의 선택을 하고 생각을 하고, 말을 하고, 실천하면서 우리의 인생이 만들어진다. 지나고 나면 그 남겨진 흔적에 의해서 비판받고 평가를 받는다.
　좋은 의도를 가지고 내 삶을 설치하고 설계한 대로 만들어 가는 과정이 쉽지는 않다. 매 순간 흔들리고 유혹에 빠지고 방황하면서도 흔들리지 않는 나의 철학을 가져야 철학의 깊이만큼 하나의 작품이 탄생하게 된다. 작품들이 쌓이고 쌓여 내공을 이루고 빛나는 별이 되고 유의미한 인생유상의 삶을 살게 된다.

내 삶의 의미를 찾아서 하루를 맞이하는 오늘의 새벽이 싱그럽고 상쾌하다.

글을 마무리하며

나의 문제를 해결하기 위해 지금도 공부를 멈추지 않고 있다.

물론 지금도 스스로 묻고 또 묻지만, 그래도 여기까지 잘 오지 않았나 싶다.

내가 좋아하는 심리학자인 프리츠 펄스는 자신의 철학대로 살다 간 사람이다. 그는 전체 완전함을 의미하는 게슈탈트를 모든 유기체는 전체로 완성하려는 경향성이 있고 항구적이고 보편적인 인간 기능성의 법칙을 의미하는 말로 사용하였다. 또한 그는 '여기, 그리고 지금'을 제외하고는 아무것도 존재하지 않는다고 믿었다.

펄스는 과거에 대한 기억과 미래에 대한 기대 역시 현재의 시기에서 경험될 때 의미를 가지며 과거나 미래를 살아가는 사람은 불균형의 성격을 가진다고 보았다. 펄스야말로 본인의 생각과 말, 행동, 느끼는 바에 대해 책임이 있다는 걸 인식하며 살아간 사람이라 볼 수 있다.

행복을 추구하는 것이 아니라 지금 여기에서 느껴지는 감정을 경험하고 표현하고 나눔으로써 자신의 삶을 살고자 했던 방랑자였고, 나는 자유로운 그의 삶을 닮고 싶어

했다.

내가 좋아하는 또 한 명의 철학자는 바로 디오니소스적 긍정을 노래한 프레드리히 니체이다.

"있는 것은 아무것도 버릴 것이 없으며, 없어도 좋은 것은 없다".

이 말을 한 니체는 자기를 극복하고 힘의 의지를 위해 항상 새로움을 창조하는 자유정신으로 자기를 사랑하고 자기를 긍정해야 한다고 했다. 그래야 비로소 타인을 긍정하는 삶을 살 수 있다고 주장했다. 즉, 나의 발전이 타인의 발전이 되고, 긴장과 갈등은 창조의 힘이 되고, 진정한 적은 진정한 벗이 되며 사적인 관심이 공적인 관심이 되는 초인의 삶을 살게 된다는 것이다.

니체는 영원 회귀라는 사유를 통해서 허무주의를 극복하고 건강한 사람이 부르는 무한 긍정의 삶을 사는 것을 '위버멘쉬'라 칭했고, 이것이 곧 인간 존재의 의미이며 인간 실존의 과제라 했다. 니체는 모든 존재의 필연성을 노래하면서 관계 속에서 모두가 중심이 되는 인식 주체를 서로가 존중하는 삶을 꿈꾸었다. 니체의 말마따나 우리 모두는 필연적으로 존재하니, 그 순리를 거스르지 않고 타인과 조화를 이루며 살아 가야한다.

그러니 멋진 가족을 만들어 가고, 멋진 직원들과 꿈을 공유하는 드림팀을 만들어 간다면 우리 삶은 더욱 아름다워질 것이다. 세상에 득 되고 유익한 일을 통해서 사업을 확장해 간다면 우리는 빛나는 삶과 행복한 인생을 맞이하게 되리라 확신한다.

생각하는 힘, 기다리는 힘, 관찰하는 힘, 흡수하는 힘을 통해서 성장해 가야 한다.

세상을 위해 나의 에너지로 무엇을 해야하는지 알고, 그것을 실행하는 삶을 살아야 한다. 이제는 나를 표현하고 나답게 드러내야 한다.

세상을 통찰하여 나의 소임을 다할 때 우리가 원하는 삶을 맞이하게 될 것이다.

이 책이 나오기까지 애써 주신 출판사 대표님과 기획팀장님과 모든 관계자분들께 감사드립니다.

내가 하고 싶은 일은 가능한 한 흔껏 밀어주는 아내가 있어서 모든 일이 이루어질 수 있었음을 고백합니다. 사랑하고 고맙습니다.

코드
인생의 비밀을 밝히다

1판 1쇄 발행 2023년 03월 24일

지은이 김우상
펴낸이 정원우

기획총괄 제갈승현
디자인 조효빈
교정교열 김태경
펴낸곳 명현서가

출판등록 2021년 7월 6일 (제2021-00220호)
주소 서울시 강남구 강남대로 118길 24 3층
이메일 tele.director@egowriting.com

© 2023, 김우상 All rights reserved.
ISBN 979-11-975921-5-7(03300)

이 책은 저작권법에 따라 보호받는 저작물이므로 무단전재와 무단복제를 금지하며,
이 책의 내용을 이용하려면 반드시 저작권자와 본사의 서면동의를 받아야 합니다.